AFROSCOPIE

REVUE SAVANTE ET PLURIDISCIPLINAIRE SUR L'AFRIQUE ET LES COMMUNAUTÉS NOIRES

LES DIASPORAS AFRICAINES ET NOIRES FACE AU DÉVELOPPEMENT

Enjeux, défis et perspectives d'avenir

Revue annuelle 2012 publiée en collaboration avec le Cerclecad

CERCLECAD

L'Harmattan

5-7, rue de l'Ecole-Polytechnique, 75005 Paris

http://www.librairieharmattan.com
diffusion.harmattan@wanadoo.fr
harmattan1@wanadoo.fr

ISBN : 978-2-296-96112-8
EAN : 9782296961128

ÉDITORIAL

Le nom de notre revue ***Afroscopie*** peut se comprendre d'un point de vue ***étymologique***, ***épistémologique*** et ***téléologique***. Nous trouvons dans ***Afroscopie*** l'expression ***skopos, skopein,*** en grec : voir, observer, visionner et ***Afro*** d'origine africaine et du monde noir. Dans notre ***Centre de Recherches Pluridisciplinaires sur les Communautés d'Afrique noire et de Diasporas*** en sigle ***Cerclecad,*** à l'instar du Cercle de Vienne, nous avons pris conscience qu'il est grand temps que les Noirs voient et lisent à partir de et dans leurs cultures, observent la réalité en proposant à la communauté scientifique leurs lunettes et herméneutiques sur les événements en vue d'une transformation qualitative de leur destin dans le monde contemporain. Si ***Afroscopie*** veut soutenir sa rationalité épistémologique différente des autres revues savantes, c'est en vue de donner une *autre vision du monde* sur la complexité des phénomènes qui apparaissent dans la vie des communautés noires et dans le monde, dans le but de relever courageusement les défis que rencontrent les Noirs en contexte actuel de mondialisation et de multiculturalisme. Or, les Noirs sont absents dans les milieux où se produisent les savoirs scientifiques qui pèsent sur les grandes décisions et orientations de la géopolitique mondiale. Comment peuvent-ils combattre les structures sociales de reproduction des mécanismes d'inégalité, de pauvreté, de l'assistance sous toutes ses formes produites par le capitalisme néolibéral ? D'ailleurs, 90 % des savoirs sur les Africains sont produits par d'autres institutions scientifiques internationales, dont la plupart détiennent des ressources humaines et financières imposantes, contrairement aux universités africaines dont l'inefficacité n'est plus à démontrer. Et celui qui produit les savoirs scientifiques détient *ipso facto* le pouvoir et dirige le monde. Raison pour laquelle ***Afroscopie*** se donne comme missions de :

- Produire et promouvoir des savoirs pertinents et mobilisateurs sur les sociétés africaines contemporaines en vue de sortir de l'asservissement historique.
- Fournir des données scientifiques pouvant servir de référence aux Organisations internationales et aux différents pays dans le but de renforcer le développement durable en Afrique et au sein des diasporas noires dans le monde.
- Promouvoir des études servant à favoriser l'intégration raciale, culturelle et religieuse des Noirs dans la communauté mondiale.

SOMMAIRE

LE RÊVE DE L'INDÉPENDANCE. QUEL RÊVE ! QUELLE INDÉPENDANCE !

Lettre ouverte à tous les Négro-africains de la diaspora

Par le professeur Augustin RAMAZANI BISHWENDE[1]

En 1804, Haïti fut le premier pays noir à accéder à l'indépendance. À l'époque, ce fut non seulement du prestige, mais aussi, beaucoup plus de dignité pour le peuple haïtien, et pour le monde noir en général. Haïti devenait, de ce fait, un symbole politique de la fierté et de la liberté pour les autres pays en quête d'autodétermination politique. En 1960, plus d'une dizaine des pays africains francophones ont obtenu leur émancipation politique. L'Afrique noire retrouvait progressivement sa dignité et sa fierté au milieu des autres continents.

Mais quel rêve et quelle indépendance dans une situation d'asservissement politique et de néocolonialisme permanents ? Quel rêve et quelle indépendance dans un contexte de guerres civiles et d'échec des États postcoloniaux ? Quel rêve et quelle indépendance dans un contexte politique de dictatures chroniques, incapables de refonder l'État africain en déconstruisant ainsi l'héritage et la vision coloniale du monde ? Quel rêve et quelle indépendance dans une misère noire et une pauvreté extrême dans lesquelles croupissent pas mal d'Africains ? Les Africains et les Noirs en général ont-ils conscience de leur devenir *être-homme* ou de leur *être-devenu-homme* dans l'histoire du monde ? Avec l'esclavage et la colonisation, dans l'ouverture aux autres peuples, les Négro-africains se sont découverts pris dans l'engrenage de la sous-humanité, tiennent-ils à le demeurer ? « Dans ces conditions, la question à la fois philosophique, politique et éthique est de savoir comment accompagner cette « montée en humanité » (de l'homme africain) - montée au bout de laquelle le dialogue d'homme à homme redevient possible et remplace les injonctions d'un homme face à son objet »[2], le dialogue devient possible d'un homme en quête de sa subjectivation historique, d'un homme face à la construction de sa propre société, d'un homme face à sa propre identité historique, *alter ego* à l'instar des autres hommes dans le devenir de l'humanité.

Deux siècles d'émancipation politique pour Haïti et un demi-siècle de décolonisation de pas mal de pays africains, « les soleils des

---

[1] Docteur en Théologie de l'université Marc Bloch-Strasbourg II et docteur en Sociologie et Histoire des religions de l'École Pratique des Hautes Études de la Sorbonne, Augustin Ramazani est professeur de philosophie à l'université Saint Paul d'Ottawa (Canada).

[2] Mongin O., Lempereur N. et Schlegel J.-L., Qu'est-ce que la pensée postcoloniale. Entretien avec Achille Mbembe, *Esprit. Pour comprendre la pensée postcoloniale*, 12, décembre 2006, p. 127.

indépendances »[3], - symbole de l'âge d'or pour l'Afrique noire, aspiration à une société juste et libre, *kaïros* du salut, ère de rédemption, société disposée à s'engager vers le développement -, ne semblent pas avoir apporté grand-chose. On a l'impression que dans le monde noir et en Afrique subsaharienne en particulier, on est encore à la case de départ, la locomotive n'a pas encore trouvé sa vitesse de croisière en vue de la croissance et du développement économique. Et pourtant, les migrations transcontinentales du Sud vers le Nord, font mention de tant de Noirs et d'Africains, qui, pour des raisons politiques, à cause des dictatures, de la torture, de l'oppression, du tribalisme, de la corruption, du clientélisme, de l'insécurité et de la sorcellerie d'une part, et d'autre part, pour des raisons économiques, de la famine, de la misère, de la pauvreté et des regroupements familiaux -, quittent leurs pays d'origine et leur continent, pour se donner une nouvelle chance de survie et de réussite sous d'autres cieux et, particulièrement, dans les pays « démocratiquement » avancés et économiquement stables où règnent la sécurité et la paix. Des communautés diasporiques noires et africaines se forment de plus en plus dans différents pays et sur plusieurs continents, en Europe, en Amérique du Nord, en Océanie, en Asie, en Amérique latine. Suffit-il de vivre dans des pays développés pour accéder à la compréhension que le développement de nos pays exige une rupture absolue avec nos mentalités tribales et ethniques, afin de canaliser toutes nos énergies et de regrouper nos forces en vue de nous affronter collectivement à la misère et à la pauvreté dans lesquelles croupissent nos peuples ? Suffit-il de séjourner dans les pays de grandes cultures démocratiques pour savoir soutenir une révolution radicale des mentalités et une transformation des idéologies politiques, afin de lutter contre les dictatures africaines et nègres, cannibales, nécrocrates, et la domination du capitalisme néolibéral dans le monde ? Suffit-il d'habiter dans des continents bien avancés économiquement, pour se hisser au niveau de la compréhension supra-tribale en créant un front commun en vue de lutter contre le sous-développement mental et les infrastructures matérielles déshumanisantes ? Suffit-il de vivre dans les pays riches pour pouvoir engager une réflexion critique rigoureuse en vue de libérer les gens de l'imaginaire collectif de dénigrement et de déshumanisation, bref d'annihilation anthropologique dans laquelle l'esclavage, la colonisation, le néocolonialisme et la mondialisation ont enfermé et enferment encore le Négro-africain ? Les diasporas noires et africaines ont-elles cette conscience historique de constituer une force politique capable de renverser des structures sociales de domination présentes dans leurs différents pays ? Ont-elles conscience d'être une force politique pour agir collectivement dans le développement de leurs pays ? Si elles en ont la conscience, que peut être leur apport dans le développement

[3] Kourouma A., *Les Soleils des indépendances*, Montréal : Les Presses Universitaires de Montréal, 1968, 172p.

de leurs pays et la survie de leurs frères et sœurs qui sont restés dans les pays étranglés par une élite oligarchique au service du Capital minier international, sanguinaire et impitoyable ?

Afroscopie, revue savante et pluridisciplinaire sur les Communautés d'Afrique noire et de Diasporas, souhaite en son deuxième volume, penser et repenser dans une rationalité critique le paradigme de la « diaspora » en vue de comprendre davantage les enjeux éthiques d'un leadership politique, économique et social, que peuvent assumer les diasporas africaines et noires par rapport à certains pays du Sud qui ont du mal à émerger dans le concert des nations. Il ne s'agit pas seulement de cogiter sur le paradigme de la *diaspora*, mais aussi et surtout, de mettre les diasporas devant leurs responsabilités multiformes face à leur propre développement et au développement du continent africain et du monde noir en général. Il ne suffit pas de chanter « *Indépendance cha cha* »[4], il faut déconstruire la haine coloniale et nécrocrate de « diviser pour régner » sur l'Afrique et les Africains, il faut reconstruire une indépendance de la fraternité. Le rêve doit se traduire réellement dans des actions concrètes posées par des hommes et des femmes généreux déterminés à donner à l'Afrique une âme, son âme. Tel est le rêve de l'indépendance que nous soutenons dans notre *Centre de Recherches Pluridisciplinaires sur les Communautés d'Afrique noire et de Diasporas* (*Cerclecad*), le rêve d'une nouvelle forme d'humanisme – un humanisme critique[5] qui serait fondé avant tout sur une éthique politique différentielle, le partage de ce qui nous différencie, bref, la cohésion sociale de toutes les diasporas africaines et noires pour la renaissance de l'Afrique et du monde noir en général. Il est question de redonner conscience aux différentes diasporas noires et africaines que le 21ème siècle, c'est « *l'ère de la renaissance de l'Afrique* ». L'heure vient et, elle est venue, de nous réveiller et d'exercer notre leadership dans tous les domaines de notre expertise, pour soutenir et même orienter les initiatives du développement des entreprises dans nos pays d'origine. Les Négro-africains séjournant dans les différents pays et continents devraient profiter de leur séjour diasporique, afin de se former et de former leurs enfants dans l'objectif de former les autres et d'assumer un leadership crédible. Ils devraient créer des réseaux internationaux d'auto-implication, d'auto-réalisation et d'auto-développement, permettant d'impulser des actions concrètes pour pouvoir exister socialement dans leurs pays d'origine, mais aussi, faire exister socialement leurs frères et sœurs. *Afroscopie*, dans son deuxième volume, exerce sa rationalité critique, en se penchant concrètement sur un pays

[4] Il s'agit de la chanson lancée en République démocratique du Congo pour exprimer la liesse populaire d'être enfin débarrassé du joug colonial. Cette chanson s'est vite propagée dans les autres pays africains, pour enfin devenir le symbole de ralliement et de mobilisation de tous les Africains au lendemain des indépendances politiques.

[5] Mongin O., Lempereur N. et Schlegel J.-L., *art. cit.*, p. 131.

comme le Cameroun, qui, depuis les indépendances, n'a jamais mis en place un État de droit avec une alternative démocratique crédible (professeurs Meredith Terretta et Dieudonné Pouhe Pouhe). Dans ce pays, malgré la résistance décrétée par les étudiants et la jeunesse camerounaise, malgré les actions politiques des villes mortes et des stratégies de déterritorialisation de la résistance mises en place par la jeunesse en utilisant les médias sociaux de communication comme dans le monde arabe (monsieur Modeste Mba Talla), l'opposition ne s'est jamais imposée comme une force politique crédible, capable d'écarter le président actuel Paul Biya et d'engager une dynamique des changements politiques et économiques, pourquoi ? Est-il possible que la diaspora camerounaise devienne de plus en plus inventive et constructive en créant des stratégies de représentations transtribalistes, en vue de mener une action collective d'envergure permettant d'instaurer une vraie démocratie au Cameroun fondée sur une éthique de la bonne gouvernance (professeur Boulou Ebanda nya Bonabedi) ? En outre, pourquoi en Afrique centrale, au Rwanda, au Burundi, en République démocratique du Congo, les gens observent pacifiquement, sans aucun moyen de défense, les tueries, les massacres, les horreurs, les crimes de guerre, les crimes contre l'humanité, les génocides, les violences sexuelles perpétrées contre les femmes et les enfants ? En Afrique centrale, la personne humaine a perdu sa dignité, les gens meurent comme des animaux, comme des mouches. Et personne n'en fait cas. Les diasporas des grands lacs africains peuvent-elles devenir une ressource majeure pour créer le bien-être économique, politique et social de ces pays et, de ce fait, peuvent-elles travailler pour une paix durable dans cette partie du continent (monsieur Yves Morneau) ? Si l'éducation et la culture peuvent contribuer à vaincre le cancer du tribalisme, de la corruption, du clientélisme, des tueries et des violences inhumaines, de la dictature, de la domination du capitalisme néolibéral, des génocides, rien ne peut remplacer une éthique politique différentielle réfléchissant au-delà de nos particularités claniques, tribales, ethniques, régionales, intégrant l'altérité comme richesse et la cohésion sociale de toutes les diasporas africaines et noires, dans la lutte contre tous les maux drainés par la mondialisation néolibérale et ses méfaits dévastateurs. Enfin, pour que la diaspora ait une âme, se structure comme une force politique, se constitue en leadership politique crédible, il faut, moins de moyens mais du temps, de la patience et de la solidarité. L'intégration dans des sociétés d'accueil n'est pas une tâche facile, elle doit devenir un combat pour la diaspora et en même temps, une arme pour une action efficace (monsieur Jean-Richard Tshimanga Bakadiababu). Les diasporas bien intégrées ne peuvent pas faire l'économie de lutte contre la misère sous toutes ses formes, il en va de leur crédibilité (monsieur Félix-Marie Affa'a). Le dossier *Afroscopie* se termine par une information précieuse sur la théologie de la libération au Brésil, pour les amateurs de la sociologie des mouvements sociaux qui désirent s'engager dans la transformation de leurs sociétés (professeure Charmain Levy) et par une série des recensions pour mieux comprendre l'évolution et le développement de la philosophie négro africaine depuis l'antiquité égypto-nubienne jusqu'à nos jours.

ÉMEUTES DE LA FAIM ET APPRENTIS SORCIERS : Éléments d'une tradition politique camerounaise après 50 ans d'indépendance et 20 ans d'opposition

Par Meredith TERRETTA[6] & Dieudonné POUHE POUHE[7]

En 1990, l'Assemblée nationale camerounaise légalisait les partis politiques autres que le parti gouvernant, le RDPC, au pouvoir depuis sa création en 1985. À présent, vingt années après le début du pluralisme politique au Cameroun, les Camerounais se préparent pour les élections présidentielles de 2011. Comme dans toutes les élections présidentielles depuis 1984, Paul Biya sera candidat. Il existe cependant une différence majeure. La Constitution du pays adoptée en 1996 limite à deux le nombre de mandats autorisés pour un président. À ce titre, les Camerounais savaient que la réélection de Paul Biya en 2004 inaugurait et constituait son dernier mandat. Cependant, dans son message de vœux de nouvel an, le 31 décembre 2007, Paul Biya annonçait sa volonté de rester à la tête de l'État camerounais, ajoutant qu'il allait s'assurer que la modification de la Constitution lui permette de le faire en toute légalité.

Moins de deux mois plus tard, du 25 au 29 février 2008, des émeutes et des pillages éclataient dans une trentaine de villes au Cameroun. Les principaux acteurs étaient des jeunes gens et des adolescents, en majorité des sans-emploi, des étudiants, des lycéens et même des écoliers. Au moment où les forces de l'ordre « restauraient l'ordre » dans les centres urbains à l'aide de gaz lacrymogène et de balles, quelque 140 personnes avaient perdu la vie. On déplorait également des centaines de blessés et près de 1700 personnes étaient aux arrêts[8]. Le 27 février, alors que la violence était à son paroxysme, le président Biya traitait les émeutiers *d'apprentis sorciers* dans un discours public retransmis sur la station de radio et de télévision gouvernementale, la CRTV. La métaphore « *apprentis sorciers* » semblait désigner les leaders de partis d'opposition, et pourtant aucun acteur politique,

---

[6] **Meredith Terretta** a obtenu son PhD en Histoire africaine de l'Université de Wisconsin (Madison) en 2004. Ses recherches sont concentrées surtout sur les thèmes de nationalisme et politique postcoloniale en Afrique centrale. Elle enseigne l'histoire à l'Université d'Ottawa. Elle rédige actuellement un livre provisoirement intitulé: *Grassfields Tradition, Nationalist Politics, and Pan-Africanism in Cameroon (1948-1970).*

[7] Dieudonné POUHE POUHE, doctorant en histoire de l'université de Yaoundé, est actuellement professeur des lycées et responsable pédagogique au Ministère camerounais des Enseignements secondaires. Parallèlement, il est aussi coordonnateur scientifique des rencontres professionnelles du festival de cinéma africain "Ecrans noirs". Il est, enfin, écrivain et chercheur indépendant sur des questions politiques au Cameroun.

[8] Voir « 25-29 février 2008, Cameroun: Une répression sanglante à huis clos » Rapport de l'observatoire national des droits de l'homme, www.icicemac.com (consulté le 15 octobre 2010).

fût-il du parti au pouvoir ou des partis de l'opposition, n'aurait pu prétendre avoir influencé ou contrôlé le comportement des jeunes.

Dans le présent article, nous plaçons les événements de février 2008, les émeutes de la jeunesse que le régime de Paul Biya a qualifiées d'« émeutes de la faim », dans un contexte historique de participation des jeunes dans les processus politiques lors des périodes de l'indépendance (1950-1966), du parti unique (1966-1990), de la transition à la démocratie (1990-1992), et du début du 21ème siècle. Reconnaissant que jeunesse n'est qu'un mot[9], qui ne coïncide pas nécessairement avec l'âge chronologique, nous le définissons comme une catégorie sociale qui ne peut être comprise que d'une façon relationnelle et dans un contexte précis. Plus que l'âge chronologique, l'emploi librement choisi, le mariage, la parenté et la stabilité familiale dénotent la progression de la jeunesse vers l'âge adulte. Nous définissons ainsi la jeunesse comme une phase liminale de durée indéterminée entre l'enfance et l'âge adulte. De plus, nous prenons en compte un chevauchement entre « jeunes » et « cadets sociaux »,[10] car un « jeune » dont la progression à travers les étapes de la vie a été interrompue par des circonstances indépendantes de sa volonté, du fait de la crise économique ou la compression de l'emploi, fait face à l'échec de l'intégration sociale.[11] Cet échec contraint des générations entières à la subordination vis-à-vis des « aînés sociaux ». Vu ce rapprochement entre « jeune » et « cadet social adulte » quant à la subordination sociale au Cameroun actuel, surtout en matière de politique, dans le cadre de notre analyse, « jeunesse » n'a aucun point terminal précis, mais est plutôt une phase dans laquelle on peut être embrigadé de façon perpétuelle[12].

À la faveur des émeutes de 2008 et d'autres événements du 21ème siècle, nous soutenons l'hypothèse qu'en dépit du rôle central des jeunes au cours de la transition du Cameroun vers l'indépendance et au cours de « l'ouverture démocratique », le parti au pouvoir et les leaders de l'opposition ont exclu la jeunesse camerounaise de la participation en

---

[9] Sur ce point voir Pierre Bourdieu, *Questions de sociologie*, Paris : Éditions de Minuit, 1992 [1984], 143-54.

[10] J.-F. Bayart, *L'État au Cameroun*, Paris: Presses de la fondation nationale des sciences politiques, 1985 [1979], 233-81.

[11] Sur ce point voir J.-F. Trani, « Les jeunes et le travail à Douala », in G. Courade, *Le désarroi camerounais*, Paris: Karthala, 2000: 153-72.

[12] Pour une définition similaire, voir Francis Chigunta, Jamie Schnurr, David James-Wilson, and Veronica Torres, « Being 'Real' about Youth Entrepreneurship in Eastern and Southern Africa: Implications for Adults, Institutions and Sector Structures », Geneva: International Labour Organization, 2005. Nous nous appuyons aussi sur les définitions suggérées par James R. Brennan, Jon Abbink, « Being Young in Africa : the Politics of despair and renewal » in Jon Abbink and Ineke van Kessel, Eds., *Vanguard and Vandals : Youth Politics and Conflict in Africa*, 2005, I. Nolte, 2004, et Donal B. Cruise O'Brien, « A Lost Generation ? Youth Identity and State Decay in West Africa », in Richard Werbner and Terence Ranger, Eds., *Post-colonial Identities in Africa*, London: Zed Books, 1996.

politique. Après deux décennies du multipartisme institutionnalisé pendant lesquelles les responsables de l'opposition ont contracté des alliances avec le parti au pouvoir et refusé une alternance générationnelle au sein des partis, les jeunes sont aujourd'hui aussi désillusionnés par la politique de l'opposition que l'ont été les générations précédentes par le « règne » du parti unique. Discréditée et déçue par le régime Biya (le seul régime que ceux qui ont moins de 30 ans ont connu) et, abandonnée par les partis d'opposition, la jeunesse camerounaise s'est progressivement retirée des partis politiques institutionnels au cours des deux dernières décennies. Nous évaluons le rapport entre cette défection du champ politique formel et les traditions politiques de l'État camerounais, parmi lesquelles la violence structurelle, l'exclusion des jeunes, la cooptation des opposants, la fraude électorale, et le refus (en 1959 comme en 1990-1992) de satisfaire les demandes exprimées par l'opposition pour rendre plus juste la compétition dans le jeu politique.

Nous expliquons pourquoi, malgré une forte continuité de résistance qui réapparaît génération après génération, les jeunes Camerounais, politiquement investis à certains moments de transformation historique, ont aujourd'hui largement déserté l'arène de la politique institutionnelle. Nous examinons les voies alternatives qui s'offrent à eux et les répercussions possibles de ces choix, surtout par rapport aux élections à venir en 2011.

1950-1970 : UNE CONSTRUCTION NATIONALE DESTRUCTIVE

La lutte pour l'indépendance incarnée par le parti nationaliste, l'Union des Populations du Cameroun (UPC), relayée par la rébellion contre le régime Ahidjo à qui a échu l'État indépendant le 1er janvier 1960, constituent la période « des troubles » qui est la fondation de l'histoire politique du Cameroun postcolonial. La répression du mouvement upéciste par les administrations européennes, et ensuite, par le gouvernement postcolonial, structure le champ politique au Cameroun.[13]

Dès 1945, les jeunes Camerounais commencent à se mobiliser contre l'administration du territoire[14]. Peu après, des grèves et des émeutes provoquées par des sans-travail et des ouvriers à Douala, des cercles d'études marxistes dans les villes attirent de nombreux jeunes étudiants ou fonctionnaires, dont Ruben Um Nyobé, qui deviendra en 1948, le secrétaire général de l'UPC[15]. Dès sa naissance, l'UPC sollicite la participation des

---

[13] Thomas Deltombe, Manuel Domergue, et Jacob Tatsitsa, *Kamerun! Une guerre cachée aux origines de la françafrique, 1948-1971*, Paris: La découverte, 2011.

[14] Richard Joseph, « National Politics in Postwar Cameroon: The Difficult Birth of the UPC », *Journal of African Studies* 2.2 (1975): 201-229.

[15] Gaston Donnat, *Afin que nul n'oublie : L'itinéraire d'un anticolonialiste*, Paris : Éditions l'Harmattan, 1986.

jeunes et des femmes au mouvement nationaliste[16]. Face à sa popularité toujours croissante dans les villes comme dans les zones rurales, l'administration française proscrit le mouvement nationaliste le 13 juillet 1955, et en 1957, l'administration britannique l'interdit à son tour. Pourchassés par les administrateurs européens, certains des dirigeants sont expulsés des territoires ou bien partent volontairement[17], tandis que d'autres, comme Um Nyobé, prennent le maquis où plusieurs sont éventuellement abattus par l'armée française qui, jusqu'en 1965, collabore avec les forces de l'ordre camerounais pour supprimer la rébellion.

Qu'ils soient du côté des nationalistes ou qu'ils cherchent à collaborer avec les administrateurs français pour protéger les intérêts économiques et politiques européens, les jeunes jouent un rôle premier dans la politique de la décolonisation. Ceux qui sont à la tête des partis politiques, les premiers élus à l'Assemblée et le Premier ministre Ahmadou Ahidjo qui prendra la barre du gouvernement en 1958 et, deviendra, en 1960, le premier président de la nation indépendante, ont tous une vingtaine ou une trentaine d'années. Après l'élimination des dirigeants de l'UPC, des jeunes hommes et femmes portent des lettres et des pétitions adressées à l'ONU à travers la frontière franco-britannique, d'où elles sont expédiées. Des écoliers et des lycéens qui traversent les forêts pour rentrer au village lors des vacances scolaires sont recrutés au sein des milices upécistes qui s'y implantent[18]. À Baham, Bamendjou, Bandenkop, et Bangou, des jeunes chefs âgés de 15 à 20 ans héritent du pouvoir pendant les années cinquante et s'engagent à soutenir les upécistes en pays Bamiléké[19].

De 1956 à 1959 à partir d'Accra, du Caire et de Conakry, les nationalistes comme les modérés et les progressistes restés au pays réclament des élections transparentes sous la supervision de l'ONU, un referendum sur l'unification des territoires français et britannique, l'adoption d'une Constitution nationale, et enfin, la participation des prisonniers, des

---

[16] M. Terretta, « A Miscarriage of Revolution: Cameroonian Women and Nationalism », *Stichproben: Vienna Journal of African Studies* 12 (2007): 61-90.

[17] Pour une étude des upécistes en exil, voir M. Terretta, « Cameroonian Nationalists Go Global: From Forest *Maquis* to Pan-African Accra », *Journal of African History* 51.2 (2010): forthcoming. Voir aussi D. Pouhe Pouhe, « Les liaisons extérieures de l'UPC, 1948-1960 » Mémoire de maîtrise en histoire, Université de Yaoundé, 1999.

[18] Fiche d'interrogatoire, Gendarmerie, Région du Littoral, Compagnie de Nkongsamba, Brigade de Manjo, 30 Juillet 1970, Archives préfectorales de Nkongsamba (APN).

[19] Les chefs de Bangou et Bandenkop fuient en exil au Ghana, où ils obtiennent des bourses pour poursuivre des études universitaires à Pékin. Le chef de Baham est emprisonné à Dschang en 1957, et ensuite, est exilé à Yokadouma après une interdiction de séjour administrative. En début 1960, il sera pardonné par Ahidjo qui lui donnera un portefeuille ministériel, mais 4 ans plus tard, sera accusé d'aider en sous-main les maquisards et sera exécuté publiquement pour trahison. Voir M. Terretta, « Chiefs, Traitors, and Representatives: The Construction of a Political Repertoire in Independence-Era Cameroon », *International Journal of African Historical Studies* Vol. 43, No. 2 (2010): 227-254.

maquisards, et des exilés au processus électoral. En février 1959, lors du débat sur l'avenir du Cameroun à l'ONU, les membres de l'Assemblée générale votent contre la tenue d'élections avant l'indépendance [20] et décident d'accorder l'indépendance au Cameroun français sans constitution et sans qu'il y ait eu d'élections depuis 1956[21]. Cette décision favorise les collaborateurs de la France et mène à une explosion de violence. Comme certains observateurs internationaux[22], ainsi que des politiciens camerounais l'avaient prévu[23], le pays nouvellement indépendant s'enfonce rapidement dans une guerre entre combattants de l'UPC et les forces de l'ordre de l'administration Ahidjo, guerre dans laquelle les jeunes seront au devant.

Plusieurs jeunes, surtout dans les régions les plus touchées par la lutte armée menée par l'Armée de Libération Nationale du Kamerun (ALNK), prennent le maquis dans l'espoir de libérer le Cameroun du régime que les upécistes traitent de « fantoche » ou « néocolonial ». D'autres, en revanche, s'enrôlent dans les forces de l'ordre comme militaires, gendarmes, policiers, agents de sûreté, gardes camerounais, gardes civiques, ou membres des équipes locales civiles nommées autodéfenses[24]. Le nombre de milices upécistes comme celui des forces de l'ordre ira sans cesse croissant de 1956 à 1962 [25]. Les forces de l'ordre opèrent impunément en matière de surveillance, de fouille, et de contrôle des mouvements de la population civile pendant la guerre, l'État ayant imposé des stratégies pour compter, surveiller et implanter la population[26]. Dans les régions placées sous état d'urgence, des agents des Services d'Études et de Documentation (SEDOC), bureau de renseignement fondé en 1958, font appel aux indices pour

[20] Jane Stolle, « UN: The Trustees Depart », *The Nation* – March 14, 1959.

[21] Baldwin to Mr. Emanuel Freedman, foreign editor, *New York Times*, 22 Dec 1959, New York Public Library (NYPL), Rare Books and Manuscripts Division, International League of the Rights of Man (ILRM), Box 1, File: Cameroon (1959-1960) Folder 4.

[22] Baldwin to Mr. Emanuel Freedman, foreign editor, NYT, 22 Dec 1959, *ibid.*

[23] Bebey-Eyidi to Roger Baldwin, 24 Oct 1961, NYPL, Rare Books and Manuscripts Division, ILRM Box 14, File: General Correspondence: Cameroon's.

[24] AFP Spec OM, 3958, Agefom 1007/3571, Centre d'Archives d'Outre-mer (CAOM).

[25] Roland Desfresnes, « Voyage au pays de la peur, dans les maquis Bamilékés », *Afrique nouvelle*, No. 659, 30 Mar 1960.

[26] Voir, par exemple, Communication du Maire, Commune Mixte Rurale, Melong, « Recensement », 15 Sept 1961, APN ; Article 25, Ordonnance No. 58-1375, 30 Déc. 1958, Loi No. 59-33 du 27 mai 1959, Décret Présidentiel No. 60/124, 8 mai 1960, No. 61-52, 24 Avril 1961, APN ; Directeur du Cabinet, M. Godefroy, pour le Premier Ministre à M. le Préfet du Mungo, Nkongsamba, Yaoundé, 2 Oct. 1959, « Contrôle des centres urbains », APN ; Délégation générale à la Sûreté nationale, Le Commissaire de Police de la Ville de Nkongsamba à M. le Préfet du Moungo à Nkongsamba, 13 Février 1970, APN ; Document et informateur du Service, PS/15, 24 juillet 1970, Opérations de police menées dans le Moungo, APN.

espionner la population[27], d'où l'instauration d'un esprit de méfiance et de mutisme.

Certains rapports estiment à plus de 400.000 le nombre de morts durant les années soixante en pays Bamiléké[28]. Les documents officiels évoquent entre 67.000 et 71.000, le nombre de civils morts entre 1956 et 1964[29], sans compter les blessés, les exilés, les prisonniers, et les domiciles brûlés. Au fur et à mesure que les combattants de la liberté (désignés hors-la-loi ou maquisards par le gouvernement au pouvoir) sont appréhendés, abattus, ou retournés, la violence légale de cette période devient le seul monopole de l'État. La perception populaire de la violence relie désormais cette dernière au pouvoir politique, ce qui fait que le champ politique du Cameroun indépendant sera fondé, non sur un sens commun du bien public, mais plutôt sur une crainte des gouvernants. La violence de la répression de la rébellion cède la place à une violence structurelle, quotidienne, et permanente, présente dans les procédures d'un gouvernement qui assoit son hégémonie politique[30].

Cette période « de troubles » et son épilogue mettent en branle quatre caractéristiques politiques qu'établit la transition à l'État postcolonial. D'abord, celle de la consolidation d'une véritable culture de violence. Durant ces années « de trouble », les jeunes, à l'exception de ceux qui sont dans les forces de l'ordre, passent progressivement du rôle d'acteurs de la violence à celui de cible de la violence déclenchée par l'État. Une autre tradition politique héritée des autorités administratives et de l'ONU, consiste à ignorer les réclamations pour la construction d'une structure politique équitable où les candidats de toutes tendances peuvent se mesurer à pied d'égalité. Ce manque de fondation politique juste est la cause d'une réaction perverse à la politique [31], la diffusion d'une culture de violence et l'omniprésence de la méfiance. En 1966, Ahidjo amplifie une troisième

---

[27] Troupes AEF/Cameroun, Etat-major, 2è Bureau, Compte-rendu mensuel de renseignements, 1-30 juin 1958, Affaires politiques 3301, CAOM ; Bulletin de renseignements, Brigade de gendarmerie de Bwelelo, 17 Déc. 1964, APN ; Fiche d'Interrogatoire, Manjo, 30 juillet 1970, Gendarmerie, Région du Littoral, Compagnie de Nkongsamba, Brigade de Manjo, APN ; Bulletin de Renseignements, Objet: Non dénonciation des malfaiteurs, 30 juillet 1970, Brigade de Gendarmerie de Manjo, APN.

[28] Max Bardet et Nina Thellier, *OK Cargo : La saga africaine d'un pilote d'hélicoptère*, Paris : Bernard Grasset 1988. Voir aussi Marc Michel, « Une décolonisation confisquée ? Perspectives sur la décolonisation du Cameroun sous tutelle de la France », *Revue française d'histoire d'Outre-mer* 324-325 (1999) : 229-57, pour une mise en cause les chiffres de Bardet.

[29] National Archives, Kew Garden, United Kingdom, Foreign Office, 371176876, 22 July 1964, Goodfellow, British Embassy, Yaoundé, to Mellon, West and Central Africa Dept.

[30] Sur ce point, voir Mariane Ferme, « The Violence of Numbers: Consensus, Competition, and the Negotiation of Disputes in Sierra Leone in Sierra », *Cahiers d'Études Africaines* 38. 150/152 (1998): 555-580.

[31] Sur ce point, voir R. Boudon, *Effets pervers et ordre social*, Paris: Presses Universitaires de France, 1977.

tradition politique héritée par le Cameroun indépendant - celle de l'opposition clandestine - lorsqu'il déclare illégaux tous les partis politiques à part celui qu'il dirige, l'Union Nationale Camerounaise (UNC)[32]. À la différence d'autres pays africains[33], pendant la première décennie après l'indépendance, les jeunes Camerounais, acteurs ou victimes de la violence de la « construction nationale », ne représentent pas un soubassement pour la construction positive de la nation, ni pour son avenir.

L'ERE DU PARTI UNIQUE PERFECTIONNÉ : 1966-1990

La formation du parti unique mène à la surpolitisation de la vie au Cameroun[34]. Désormais, l'État s'immisce profondément dans les affaires locales et civiles, même dans des zones rurales éloignées de la capitale qui n'étaient pas, jusqu'alors, considérées comme des régions insoumises[35]. L'autorité et la puissance de l'État sont concentrées en la personne d'Ahidjo, le souverain omnipotent. À chaque niveau de responsabilité, de la fonction la plus basse à la fonction la plus élevée, les élections ne servent qu'à confirmer le candidat nommé par la branche locale, provinciale, ou nationale du Parti unique, l'UNC[36]. Pendant les années 1970, l'administration d'Ahidjo classe les délits sociaux et le refus de participer à la politique de l'UNC comme des actes de subversion politique contre l'État[37], mais pourtant, la population commence à se détourner de la politique officielle. La conséquence en est un manque de soutien populaire pour le régime Ahidjo. Dans ce nouveau climat, quelques jeunes intellectuels, tout en collaborant avec des opposants en exil, se placent au premier rang de la résistance. À travers la presse dissidente, ils essaient de faire entendre une voix alternative.

Pendant la période du parti unique (1966-1990), des journaux et des maisons de presse sponsorisés par des institutions religieuses, tels *L'effort*

[32] Achille Mbembe, « Mémoire historique et action politique », in : J.-F. Bayart, A. Mbembe, et C. Toulabor, (Éds). *Le politique par le bas en Afrique noire : Contributions à une problématique de la démocratie*, Paris : Karthala, 1992, 147-256 et Luc Sindjoun, « Introduction : L'opposition au Cameroun, un nouveau jeu politique parlementaire », dans Luc Sindjoun, éd., *Comment peut-on être opposant au Cameroun ? Politique parlementaire et politique autoritaire*, Dakar, 2004, p. 4.

[33] Voir, par exemple, le rôle des jeunes dans la construction nationale dans les pays de l'Afrique de l'Ouest, dans l'étude faite par Mamadou Diouf, « Engaging Postcolonial Cultures: African Youth and Public Space », *African Studies Review* 46 (2003): 1-12.

[34] P. Geschiere, « Hegemonic Regimes and Popular Protest: Bayart, Gramsci, and the State in Cameroon », in W. van Binsbergen and G. Hesseling, Eds., *State and Local Community in Africa*, Brussels: Centre d'Etude et de documentation africaine, 1986, 326. Voir aussi les études sur le procès « de la Sainte-Croix » : Paul-Valentin Emog, *Le porteur de cornes: Monseigneur Albert Ndongmo (1925-1990)*, Yaoundé: les Éditions terre africaine, 2005.

[35] P. Geschiere, 326.

[36] Bayart, *L'Etat au Cameroun, op.cit.,*136-7.

[37] Jehovah's Witness, Country Reports, Part 2, yb71 224-6, Cameroon.

camerounais (catholique), *Le jeune essor* et les Éditions Clé (presbytériennes), offrent un exutoire et un lectorat aux écrivains qui critiquent l'État[38]. À l'intérieur du pays, des jeunes écrivains comme René Philombe, Patrice Kayo, Ben Matip, et Patrice Ndedi Penda, publient des romans et des poèmes critiquant ouvertement le régime Ahidjo, et vénérant Ruben Um Nyobé en tant que symbole du nationalisme camerounais original[39]. Les écrivains en exil à l'instar de Mongo Beti, romancier et auteur de l'ouvrage *Main basse sur le Cameroun* dont la vente sera prohibée au Cameroun, et Abel Eyinga, analyste politique et dirigeant de l'Union Nationale des Etudiants Kamerounais expulsé de France en 1972[40], sont tout aussi caustiques à l'égard du régime Ahidjo.

Durant les années soixante-dix émergent aussi des théologiens et philosophes camerounais produisant des ouvrages qui promeuvent les principes d'une théologie de la libération. En 1977, Marcien Towa publie *L'idée d'une philosophie négro-africaine*, dans laquelle il prône l'autocritique de soi comme une activité libératrice. Il présente ses idées lors d'un colloque organisé à l'Université de Yaoundé en 1977, assisté par des étudiants dont Achille Mbembe, jeune étudiant en histoire contraint à l'exil pour avoir dédié son mémoire de maîtrise, qui devait être soutenu en 1981, à Ruben Um Nyobé. Le gouvernement Ahidjo censurera Towa, lui interdisant toute prise de parole en public et prohibera la vente de son livre[41].

Parallèlement, l'apparition de deux journaux d'opposition - *Le Combattant* en 1976 et *Le Messager* en 1979 - témoigne de la résurgence de la dissidence politique, sa prépondérance dans la presse, sa présence dans les institutions religieuses, et son réveil parmi les groupes estudiantins. *Le Messager*, en particulier, fondé par Pius Njawe, âgé de 22 ans, se situera une dizaine d'années plus tard au centre de l'ouverture démocratique au Cameroun[42].

Lors de l'accession de Paul Biya à la présidence le 6 novembre 1982, de nombreux souvenirs du nationalisme refont surface. Biya promet alors un « Renouveau » devant se traduire par une protection des libertés politiques, la promotion de la tolérance, et le recul de la censure. En mars 1985, Biya organise un congrès de l'UNC à Bamenda pour discuter de l'avenir politique

---

[38] J.-P. Bayemi, *L'effort camerounais ou la tentation d'une presse libre*, Paris: L'Harmattan, 1989, 9-10 et R. Bjornson, *The African Quest for Freedom and Identity: Cameroonian Writing and the National Experience*, Bloomington: Indiana University Press, 1991, 136-7, 154-5.

[39] Bjornson, Ch. 17.

[40] Centre historique d'archives nationales (CHAN), Section 20ème siècle, Papiers Foccart, Fonds privés 153 et 318. Voir aussi A. Eyinga, Tortures au Cameroun, *Le Monde* 13 juin 1972, et ses échanges avec F. Oyono, *Le Monde* 27 mai 1972.

[41] Bjornson, 358.

[42] À l'heure où nous rédigeons cet article, nous venons d'apprendre le décès du journaliste indomptable et courageux, Pius Njawe à qui nous sommes reconnaissants pour la liberté d'expression de laquelle nous bénéficions aujourd'hui au Cameroun.

de la nation, car des jeunes supporteurs du « renouveau » réclament une réinvention radicale de la gouvernance autour d'élections multipartistes, tandis que ceux qui demeurent loyaux au régime Ahidjo sont pour des réformes plus conservatrices. Du compromis entre les deux groupes résulte la création du Rassemblement démocratique du peuple camerounais (RDPC) qui reste, jusqu'aujourd'hui, au pouvoir[43].

Mais les changements politiques introduits par le « Renouveau » sont insuffisants pour permettre aux courants d'opposition de jouer un rôle constructif dans l'organisation sociopolitique de l'État postcolonial. L'opposition demeure clandestine car exclue du terrain politique monopolisé par le gouvernement. Toutefois, malgré un environnement sclérosé, certains opposants se font entendre. Dans l'un de ses premiers ouvrages critiquant l'État, l'un des économistes les plus réputés de l'époque, Célestin Monga, décrit les difficultés que rencontre alors le gouvernement Biya à créer une identité politique cohérente face à l'opposition clandestine[44].

UNE TRANSITION DEMOCRATIQUE INACHEVÉE, 1990-1992

Au début des années 1990, dans un contexte international marqué par le combat pour les droits civils et les libertés politiques dans l'Europe de l'Est et en Afrique, de nombreuses voix s'élèvent au Cameroun pour réclamer le pluralisme politique. Dans cette conjoncture politique où se font entendre, par ailleurs, des pressions internationales (la Conférence de La Baule et le discours de Mitterrand notamment), le régime au pouvoir, en proie à une crise économique majeure, vacille et offre des failles. Ainsi naît dans les milieux intellectuel, estudiantin et populaire, une opposition polymorphe.

L'activisme de l'avocat Yondo Mandengue Black, appuyé par ses collègues avec qui il fonde la Coordination nationale pour la démocratie et un système multipartiste, dont l'objectif est d'explorer les moyens d'instaurer la démocratie au Cameroun, pousse Biya à céder aux sirènes du multipartisme. Si en février 1990, cet ex-bâtonnier et dix de ses compagnons sont arrêtés pour subversion et complot contre la sûreté de l'État, leur procès, suivi par *Amnesty International* qui déclare un abus du processus judiciaire, a contraint le gouvernement camerounais à proclamer, le 14 mars 1990, que la création de parti politique d'opposition ne constitue pas un délit[45]. Nonobstant l'incarcération de plusieurs des membres du groupe, l'affaire Yondo Black a été un levier qui a animé d'autres Camerounais à l'action.

[43] Célestin Monga, « Le pluralisme politique à l'épreuve » *Jeune Afrique* No. 1272 (mai 1985).
[44] *Ibid.*
[45] Voir Sindjoun, « Introduction », p. 14.

En mars 1990, John Fru Ndi, un natif de Bamenda, dépose les statuts du *Social Democratic Front* (SDF) auprès des autorités administratives du département de la Mezam (province anglophone du Nord-Ouest). Le 26 mai, il organise une manifestation publique au stade municipal de Bamenda pour lancer le parti. Des forces de l'ordre, 2.000 environ, parties de Yaoundé, tirent sur la foule et tuent six jeunes gens. Confronté à la montée de la dissidence politique et, obligé de donner des gages pour apaiser les pressions extérieures en faveur des réformes politiques, Biya est obligé, en décembre 1990, de promulguer une série de lois, dont la loi sur la liberté de la presse et celle portant création des partis d'opposition[46].

Malgré ces concessions, quelques semaines plus tard, le pays s'embrase autour de la revendication pour la tenue d'une conférence nationale souveraine. Des jeunes, notamment des étudiants, sont au premier rang de ce soulèvement, particulièrement en ville. Ils mobilisent une action collective soutenue à travers le pays. La participation de la jeunesse estudiantine est motivée par la détérioration de l'université de Yaoundé. Créée en 1962 avec une capacité de 3.000 étudiants, elle compte 41.000 étudiants en 1990. Profitant donc des circonstances, cette jeunesse se dresse contre le parti au pouvoir, qui, selon elle, serait la cause de la détérioration de ses conditions de vie et d'études[47]. Le 26 mai, alors que se tient à Bamenda une assemblée du SDF présidée par Fru Ndi, de nombreux étudiants organisent à Yaoundé une marche pro-SDF qui se solde par des arrestations. De même, en 1991, le retour de Mongo Beti crée un rassemblement spontané d'étudiants et de jeunes intellectuels à l'entrée de l'Hôtel Hilton à Yaoundé, et fournit à Beti l'opportunité de s'adresser à la foule malgré les efforts de l'administration de le bâillonner[48].

En 1991, deux groupes d'étudiants se forment : l'un, *parlement*, se réclame en faveur de la démocratie et du multipartisme, et soutient John Fru Ndi, le « Chairman » du SDF ; l'autre se nomme *autodéfense* et, est encadré par la garde présidentielle et le centre national des études et de recherches (CENER) pour soutenir Paul Biya[49]. Le but de l'*autodéfense* en 1991 est d'infiltrer le *parlement* et de dénoncer ses leaders comme Benjamin Senfo Tonkam, initiateur de la coordination nationale des étudiants camerounais dont les membres sont sujets à de nombreux sévices[50], tandis que la

---

[46] Joseph Takougang and Milton Krieger, *African State and Society in the 1990s: Cameroon's Political Crossroads*, Boulder, CO : Westview Press, 1998, 107-109.

[47] Piet Konings, « ''University Students'' Revolt, Ethnic Militia, and Violence during Political Liberalization in Cameroon », *African Studies Review* 45.2 (2002): 179-204, 182.

[48] Ambroise Kom, « Mongo Beti Returns to Cameroon: A Journey into Darkness », *Research in African Literature* 22.4 (1991): 147-53.

[49] Antoine Socpa, *Démocratisation et Autochtonie au Cameroun: Trajectoires régionales différentes*, Münster: Lit Verlag, 2003, 143-55.

[50] Andreas Mehler, « Cameroun : Une transition qui n'a pas eu lieu, » in Jean-Pascal Daloz et Patrick Quantin, Eds., *Transitions démocratiques africaines*, Paris : Karthala, 1997, 95-138.

mansuétude est promise aux dissidents en échange de renseignements sur les leaders du mouvement estudiantin[51].

L'opposition, autorisée pour la première fois depuis 1966, se révèle être dans un premier temps une structure qui traverse et relie les générations - de celle qui s'en souvient encore à celle qui ne l'a pas encore connue[52]. À la suite de la légalisation des partis d'opposition, suivie de l'entrée en scène d'une vingtaine de partis[53], un activiste de Douala, Mboua Massock, initie le phénomène des *villes mortes.* Ce mouvement de protestation se cristallise en une série de grèves générales durant lesquelles les populations barricadent les rues dans les villes de quatre provinces, le Nord-Ouest, l'Ouest, le Sud-Ouest et le Littoral, organisent des manifestations et détruisent des édifices publics et des biens appartenant à des personnalités importantes du RDPC[54]. Les villes mortes durent presque dix semaines et, notamment, à cause des grèves à Douala, la fermeture des marchés et l'arrêt de travail des chauffeurs de taxi, immobilisent le port en entraînant une chute des recettes de l'État. À Bamenda, les forces de l'ordre profitent des meetings regroupant plusieurs milliers de personnes pour commettre des exactions, tandis que les jeunes répondent par des incendies et des jets de pierres et de cocktails Molotov[55].

Le mouvement « *villes mortes* » avait pour objectif et slogan principaux la tenue d'une « Conférence nationale souveraine » réclamée par les leaders des partis d'opposition. Cette conférence devait permettre la mise en place de nouvelles institutions publiques, la rédaction d'une nouvelle constitution, et ensuite, après une période de transition, l'organisation d'élections législatives et présidentielles. Malgré la résistance populaire, ou plutôt à cause de celle-ci, le régime Biya refuse d'admettre l'idée de la tenue de ces assises avant les élections de 1992. Biya déclare : « La Conférence nationale est sans objet pour le Cameroun... seules les urnes parleront »[56].

En mars 1992, dans le feu des mobilisations, les premières élections législatives multipartistes depuis 1964 ont lieu[57]. Puisque le gouvernement refuse, non seulement l'organisation d'une Conférence nationale, mais aussi, la création d'une commission électorale indépendante sollicitée par les

[51] Interviews et Frédéric Fenkam, *Les révélations de Jean Fochivé : le chef de la police politique des présidents Ahidjo et Biya*, Paris : Editions Minsi, 2003.

[52] Goheen, xii et Takougang et Krieger, 124.

[53] Takougang and Krieger, 154.

[54] Sindjoun, 17-25; Takougang and Krieger, 115-131, P. F. Ngayap, *L'opposition au Cameroun : Les années de braise*, Paris: L'Harmattan, 1999.

[55] Fabien Eboussi Boulaga, *La démocratie de transit au Cameroun*, Paris, 1997, 81-97; Moukoko Priso, *Cameroun/Kamerun : La Transition dans l'impasse*, Paris, 1994, 119-26.

[56] Tel que cité dans Takougang and Krieger, 125.

[57] Pour l'analyse des élections et du « renouvellement » des élites politiques entre 1992 et 1997, lire F. Eboko, « Les élites politiques au Cameroun: le renouvellement sans renouveau? », in J.-P. Daloz, dir., *Le (non) renouvellement des élites en Afrique subsaharienne*, Bordeaux: CEAN, 1999: 99-133.

opposants, le SDF mène une campagne pour boycotter les élections, et 35 sur 69 des partis d'opposition retirent leurs listes électorales. Cependant, le RDPC obtient 88 sièges à l'Assemblée nationale, l'Union Nationale pour la Démocratie et le Progrès (UNDP) dirigé par Maïgari Bello Bouba, ex-premier ministre, en prend 68, l'UPC, 18, et le Mouvement démocratique pour la Défense de la République (MDR), 6. Le RDPC forme une coalition d'amortissement avec le MDR et l'UPC (branche Kodock) lui garantissant une majorité absolue à l'Assemblée[58]. En retour, Biya distribue six postes ministériels au MDR et 4 à l'UPC. Cette cooptation de leaders de l'opposition qui n'est qu'une stratégie de survie politique, permet au RDPC d'affaiblir ses adversaires tout en paraissant ouvert au multipartisme[59]. En octobre 1992, Biya est réélu dans une élection présidentielle dont les résultats sont contestés - 39,97% des suffrages exprimés contre 35,97% pour John Fru Ndi.

La légalisation de l'opposition politique, l'action des étudiants, et les villes mortes ont pour résultat des changements politiques prometteurs – en 1992 des élections multipartistes législatives et présidentielles se déroulent pour la première fois depuis 1964, et des opposants au régime gagnent des sièges à l'Assemblée. L'administration instaure des réformes du système universitaire, notamment, la création de six nouvelles institutions universitaires au pays[60]. Mais les résultats des mobilisations de 1990-1992 n'ont pas été à la hauteur des changements escomptés,[61] et Biya est resté maître du jeu politique. En fin de compte, l'alternance démocratique manquée de 1990-1992, tout comme l'indépendance octroyée en 1960, ont eu pour effet la décrédibilisation de toute velléité de revendication de masse aux yeux des populations. Pour protéger son hégémonie et sa légitimité politique, le RDPC se sert depuis 1992 des tactiques suivantes : la coalition et la cooptation des partis d'opposition ou de leurs leaders, la répression insidieuse mais toujours aussi violente des opposants ; la corruption et la fraude électorale ; la multiplication des comités de base dans les quartiers populaires et dans les communes rurales de pair avec l'embauche des jeunes et des femmes ; et l'affermissement des réseaux de patronage[62]. Lorsqu'en 1996, l'opposition devient une majorité dans les communes municipales et rurales à Douala, à l'Ouest, au Nord-Ouest, et au Sud-Ouest, le RDPC déplace le front du combat politique au plan local et exacerbe les

[58] Sindjoun, 33.

[59] M.-E. Pommerolle, « La démobilisation collective au Cameroun : entre régime post autoritaire et militantisme extraverti », *Critique internationale*, No. 40 (2008), 79, et Sindjoun, 29, 33-4.

[60] Konig, 193.

[61] Marie-Emmanuelle Pommerolle, « Routines autoritaires et innovations militantes, le cas d'un mouvement étudiant au Cameroun », *Politique africaine*, N° 108, décembre 2007, 158.

[62] Sur ce point, le concept de l'assimilation réciproque des élites demeure utile. Pour une première élaboration de cette théorie, voir Bayart, *L'Etat au Cameroun*.

malversations électorales en 1997, 2002, et 2007. À l'issue de ces scrutins, la Cour Suprême annule les résultats dans plusieurs circonscriptions à cause d'irrégularités. Entre temps, le RDPC, après les élections de 1997, 2002, et 2007, en acquérant 52 sièges supplémentaires à l'Assemblée nationale, est redevenu le parti hyper dominant sur la scène politique camerounaise avec 140 des sièges[63].

Désormais sont établies de nouvelles traditions politiques, la coalition et la cooptation de l'opposition et la fraude électorale, qui s'ajoutent à celles qui étaient déjà en place : la violence et le refus de réformes devant niveler le terrain politique. La coalition avec les partis d'opposition, la fraude électorale, et le refus de rendre opérationnelle la constitution adoptée en 1996, permettent au RDPC d'affaiblir ses adversaires tout en remplissant les conditions de « bonne gouvernance » imposées de l'extérieur[64], à l'exemple de l'ajustement structurel exigé par le FMI.[65] Le fait de neutraliser l'opposition politique remplit l'objectif du RDPC – la conservation du pouvoir. En même temps, l'existence de l'opposition sert à légitimer le régime aux yeux des pays donateurs, plutôt qu'à œuvrer pour des changements sociaux et économiques voulus par les populations qui ont tant risqué et sacrifié durant la période des *villes mortes*.

Certains parallèles peuvent être établis entre le combat des upécistes pour l'indépendance pendant les années 1950 et 1960 et la lutte pour la transition démocratique des années 1990. Les facteurs positifs qui ont contribué à une mobilisation collective dans les deux cas sont: l'alliance des cadets et des aînés, hommes et femmes, ainsi que l'atomisation du mouvement des villes aux campagnes. La participation active de militants qui sont socialement ou économiquement marginalisés a joué un rôle capital dans ces deux tentatives de transition animées par des partis progressistes. Soulignons le fait que lors de ces mouvements qui visent une transformation socioéconomique, ainsi qu'un changement politique, l'action collective est dirigée par des partis politiques, l'UPC dans le premier cas, le SDF dans le deuxième. En 1959 comme en 1990, les deux partis se situent à la marge de la légalité – l'UPC est proscrit en 1955 mais cherche à poursuivre son action malgré son exclusion de la politique institutionnalisée. Le SDF, illégal en 1990, réussit à se servir des circonstances extérieures et intérieures pour pénétrer le champ politique légal.

En observant les actions de l'État en 1960 comme en 1990 pour ébranler ces mouvements, nous constatons des convergences: d'abord, la création d'un climat de méfiance à travers des méthodes d'espionnage et

---

[63] J. Takougang, « The 2002 Legislative Election in Cameroon : A Retrospective on Cameroon's Stalled Democracy Movement », *Journal of Modern African Studies* 41.3 (2003) : 421-35 et Pommerolle, « Entre régime postautoritaire et militantisme extraverti », 78.

[64] Pommerolle, 79 et Sindjoun, 29, 33-4.

[65] Philippe Hugon, « Sortir de la récession et préparer l'après-pétrole : le préalable politique », *Politique africaine*, 62 (1996) : 35-44.

d'interrogatoire; ensuite, la stigmatisation des jeunes, des nationalistes ou opposants comme subversifs politiques. Dans les deux cas, l'État refuse de répondre aux revendications de ces partis pour une concurrence politique juste et équitable. À l'époque de la transition vers l'indépendance, il s'est agi du refus de l'autorité administrative au pouvoir d'amnistier les nationalistes, de restaurer l'UPC et de permettre la tenue d'élections supervisées par des représentants du Conseil de Tutelle de l'ONU. Lors de la transition démocratique, les partis d'opposition réclament une Conférence nationale souveraine qui n'aura pas lieu. Comme en 1960, la transition réclamée demeure inachevée et donc incomplète. La période qui suit l'ouverture démocratique manquée est marquée par une résurgence de la criminalité et de l'insécurité, ainsi que par une défection générale de la politique institutionnalisée.

Face à l'échec de l'opposition à contribuer aux changements sociaux et économiques après 1992, les jeunes Camerounais se détournent de la politique. Dans les années 1990, alors que le pays est dévasté par la crise économique, un nombre croissant d'entre eux se tournent vers la fraude, le banditisme, la prostitution, la *fey-mania*[66], le crime et, selon certains récits, le vampirisme. Célestin Monga, figure de proue de l'opposition au régime Biya au début des années 1990, affirme, en 1996, que l'escalade de la violence sociale traduit peut-être d'inconscientes formes de dissidence politique populaire[67]. Luc Sindjoun, va encore plus loin lorsqu'il insiste en disant que la défection est « une forme de protestation, de refus des règles du jeu et de recherche de leur transformation par des moyens illégaux. La défection est un mode de participation politique et de protestation »[68]. Une évaluation des actions des jeunes depuis le retour au multipartisme nous permettra de démontrer la justesse de l'argument de Sindjoun dans le contexte du Cameroun post monolithique.

---

[66] Dominique Malaquais, « Anatomie d'une arnaque: Feymen et feymania au Cameroun », *Les études du CERI*, No. 77 (2001).

[67] C. Monga, *Anthropologie de la colère : société civile et démocratie en Afrique noire*, Paris : L'Harmattan, 1994, Ch. 4.

[68] Sindjoun, 13. Voir aussi A. O. Hirschman, *Exit, Voice, and Loyalty: Responses to Decline in Firms, Organizations, and States*, Cambridge, MA: Harvard University Press, 1970.

LA DÉFECTION DES JEUNES DU CHAMP POLITIQUE AU 21ème SIECLE

La défection des jeunes de l'arène des partis politiques au 21ème siècle les a conduits à s'exprimer sous d'autres formes d'action individuelle ou collective. Nous reconnaissons un fondement politique dans l'activité des jeunes, qu'elle soit destructive ou constructive. Les modes d'action destructive - la criminalité, les émeutes et le pillage - permettent aux jeunes, consciemment ou inconsciemment, de protester ou de résister contre les politiques de l'État afin de s'en affranchir, en même temps que cela leur fournit un canal par lequel ils expriment leur déception quant au manque d'opportunités économiques et de progrès social[69]. Les modes d'action constructive se sont transférés des partis politiques vers l'activisme en faveur des droits de l'homme, le prophétisme religieux ou spirituel et les mouvements étudiants comme des voies alternatives pour le changement. L'État emploie la même stratégie de répression violente, d'emprisonnement, de torture, et d'espionnage, pour brider ces différents types d'actions. La conséquence en est que l'État et les jeunes sont toujours dans une logique de confrontation. Nous nous appuyons sur trois exemples représentatifs de l'activité des jeunes au début du 21ème siècle afin de décrire le contexte des émeutes de février 2008 : le cas des neuf disparus de Bepanda ; la brève carrière de prophète de Bikai bi Yée, la réincarnation autoproclamée d'Um Nyobé ; et l'activité de l'Addec, l'organisation des étudiants.

Le cas des neuf disparus de Bepanda

L'explosion de la criminalité parmi les jeunes, au début des années 2000, explique la recrudescence de la violence étatique dont les principales victimes sont les jeunes. En mars 2000, peu de temps après un vol de voiture à la résidence de l'ambassadeur américain à Yaoundé, Paul Biya crée le *Commandement Opérationnel* (CO), une unité mixte de militaires et de gendarmes, dont le principal objectif était de combattre la criminalité urbaine. Au départ, cette initiative a bénéficié du soutien populaire des Camerounais, las de l'insécurité ambiante. Mais ceux-ci se désenchantent vite quand le CO devient un facteur d'insécurité publique, car entretenant une sorte de « mafia d'État » qui exige des rançons aux familles des jeunes « pris en otage » en échange de leur libération[70].

---

[69] Pour une comparaison avec l'action des jeunes dans les banlieues françaises, voir Didier Lepeyronnie, « Primitive Rebellion in the French *Banlieues* : On the Fall 2005 Riots », in C. Tshimanga, D. Gondola, et P. J. Bloom, eds. *Frenchness and the African Diaspora*, Bloomington : Indiana University Press, 2009, 21-46.

[70] Pius Njawe, « Lettre ouverte à chaque Camerounais de la diaspora », *Le messager*, 11 Mai 2001.

L'année suivant sa création, un fait dramatique dont les protagonistes sont neuf jeunes de Bepanda, un quartier populaire de Douala, le CO défraie la chronique. Le 2 janvier 2001, neuf jeunes accusés d'avoir volé une bouteille de gaz domestique sont arrêtés au stade de Bepanda à Douala. Transférés à la Brigade de recherche territoriale de Bonanjo, ils n'ont jamais été revus. Leur disparition a poussé leurs différentes familles à s'unir pour exiger que la lumière en soit faite. Un comité des neuf, dirigé par Bethuel Kouatou, informe *Amnesty International* et la Commission des Droits de l'homme des Nations Unies de l'affaire, et commence des démonstrations régulières à Bepanda. John Fru Ndi, à son tour, cherche à capitaliser sur l'affaire en organisant des marches. Reconnaissant sa complexité politique, Paul Biya crée, le 27 avril 2001, une commission d'enquête pour faire la lumière sur l'affaire. Quoique les neuf disparus n'aient jamais été retrouvés vivants ou morts, Biya a « sanctionné » deux responsables du CO au moment de la disparition[71].

Le cas des neuf de Bepanda est révélateur des nouvelles « errances » politiques du Cameroun contemporain. Face aux actes de violence aveugle, de criminalité et de troubles à l'ordre public commis par des jeunes marginalisés, l'État a répondu en élevant le niveau de la violence physique institutionnalisée dont le CO est l'incarnation. Ses troupes ont opéré dans l'impunité, enlevant à leur guise sans avoir à rendre compte. Le comité des neuf et l'implication du SDF dans l'affaire démontrent l'utilisation par les opposants de la violence d'État à des fins de contre-propagande politique. L'implication des ONG des Droits de l'Homme prouve l'importance croissante des Droits de l'Homme, et montre l'investissement de la scène internationale par des politiques camerounais. Mais en se référant à ces droits, les opposants abandonnent désormais la formulation explicite des revendications politiques pour la capitalisation des griefs collectifs contre les injustices sociales, d'où la dilution du contenu politique des mouvements camerounais des droits civiques et sociaux après l'affaire des disparus de Bepanda.

Bikai Bi Yee, Le Mpodol reincarné en route pour le palais présidentiel

L'histoire de Bikai bi Yée, la réincarnation autoproclamée du leader nationaliste, Ruben Um Nyobé, est révélatrice du désir de la jeunesse d'avoir accès à la sphère politique par n'importe quel canal. En 2002, Bikai bi Yée, un jeune homme d'une trentaine d'années, natif de la Sanaga-maritime (la région d'origine de Ruben Um Nyobé), incarne un mouvement visant à rallier la scène politique par des modalités spirituelles et religieuses.

---

[71] Pius Njawe, « Lettre ouverte à chaque Camerounais de la diaspora », *Le messager*, 11 Mai 2001.

Ainsi, ce mouvement s'appuie sur des icônes de la lutte pour l'indépendance au Cameroun français. Se présentant comme la réincarnation du *Mpodol*[72], ce dernier prétend être revenu afin de poursuivre l'œuvre interrompue le 13 septembre 1958, avec l'assassinat au maquis du secrétaire-général de l'UPC. Prophétisant les événements qui marqueraient la fin du régime RDPC, cet Um Nyobé réincarné a réussi en très peu de temps à récolter un important soutien populaire dans la région. De bouche à oreille, sa popularité a débordé les départements de la Sanaga-Maritime et du Nyong-et-Kéllé et, a atteint les métropoles des provinces du Centre, du Sud, et du Littoral, embarquant illettrés, intellectuels, vieux, et jeunes. Parmi ses prophéties, le « revenant fixe » une date à laquelle se produirait comme par un coup de bâton magique le changement de régime au Cameroun avec la démission de Paul Biya. Dès lors, pour le soi-disant *Mpodol*, les élections présidentielles prévues pour octobre 2004 n'auraient pas lieu.

Malgré l'échec apparent de ses prophéties - M. Biya fut bel et bien réélu en 2004 - le jeune « Um Nyobe réincarné » n'a pas disparu du paysage politique. Au contraire, son influence s'est davantage accrue. Après deux ans d'inaction, Bikai bi Yée a refait apparition à Yaoundé les 21 mars et 23 mai 2006 à la tête d'une procession d'une centaine de personnes vêtues de robes blanches avec des bandeaux rouges autour du bras droit. De Nsam, un des quartiers populaires de Yaoundé, ils ont pris le chemin de la présidence de la République. Sur les pancartes qu'ils brandissaient, on pouvait lire :

Le retour de Ruben Um Nyobe à Yaoundé

Il est aisé de comprendre que DIEU ne peut rester indifférent devant une lutte de libération nationale.

Pourquoi préparez-vous la guerre pendant que je viens pour la paix?

Nous sommes sûrs de notre victoire finale car nous avons l'Eternel pour guide.

Monsieur le président Paul BIYA ta mission est finie, va en paix !

L'objectif des manifestants était de rencontrer le président Biya afin que « Ruben Um Nyobe réincarné » soumette au chef de l'État sa principale doléance, notamment la tenue d'un forum politique public sur l'état de la nation. Le nouveau *Mpodol* s'attendait à ce qu'à l'issue de ce forum soit désigné un gouvernement de transition dont la mission serait de conduire, au nom du peuple camerounais, la transition démocratique avec pour faits majeurs, la démission du président Biya et l'établissement de lois pour une nouvelle administration. Sa demande, qui rappelle les réclamations pour une conférence nationale souveraine en 1990, et les désirs pour des élections supervisées par l'ONU en 1959, correspond à la tradition de politique réformiste apparue peu avant l'indépendance. Tout comme ses prédécesseurs

[72] Surnom affectueux d'Um Nyobé en langue Basaà, voulant dire « celui qui parle au nom du peuple ». Voir J.-A. Mbembe, « Introduction », in Ruben Um Nyobé, *Le problème national kamerunais*, Paris : L'Harmattan, 1984.

nationalistes, Bikai bi Yee exige que les règles du jeu politique soient consensuellement fixées avant la mise en place d'un gouvernement national. Selon M. Ngombi Mbèndjéé, l'un des acteurs des marches de Yaoundé que nous avons interviewé,

> *La marche a commencé à Nsam et passant par la poste centrale, nous sommes arrivés à moins d'un kilomètre du palais présidentiel, juste au niveau du Palais des Congrès, nous sommes tombés sur la Garde présidentielle et la Gendarmerie.*

Opposé à la Garde présidentielle et à la Gendarmerie, Bikai bi Yée a cherché à convaincre leurs gradés que c'était lui Um Nyobe, figure emblématique du nationalisme camerounais. Pour manifester ses « bonnes intentions », il a attesté aux forces de l'ordre que ses militants et lui ne disposaient d'aucune arme. Cette première marche vers le *Palais de l'unité* a été dispersée à cause de l'interpellation de Bikai.

Nullement impressionné par l'interrogatoire musclé auquel il a été soumis des jours auparavant, Bikai est revenu à la charge quelques semaines plus tard. Le 23 mai 2006, après avoir informé le gouvernement de son intention d'entreprendre une nouvelle marche vers *Etoudi*, ses compagnons et lui sont repartis à la rencontre de Paul Biya, traversant la ville de Yaoundé du Sud au Nord. À quelques encablures du *Palais de l'unité*, ils ont été une fois de plus stoppés dans leur progression par un détachement mixte de la Police, de la Gendarmerie et de la GP. *Mpodol* interpellé, il fut conduit auprès de la Délégation générale à la Sûreté nationale, tandis que ses lieutenants furent dispersés *manu militari*[73].

D'après le « réincarné », son mouvement n'est pas un mouvement humain car c'est Dieu qui l'aurait envoyé pour apporter la lumière, la justice et le bien-être à tous. En outre il affirme que son mouvement est supranational :

> « *Nous commençons au Cameroun, ensuite l'Afrique et après le monde entier. Notre idéal c'est que l'article premier des statuts de l'UPC se réalise : « grouper et unir les populations de ce territoire en vue de l'élévation de leur standard de vie ». Nous sommes l'UPC originale, celle de 1948. Nous ne sommes pas les membres d'une UPC frelatée. Nous sommes l'UPC authentique notre action est nationale, panafricaine et mondiale* »[74].

Interrogé sur le sens de la double marche vers *Etoudi,* Bikai a répondu que l'objectif de cette action était de faire prendre conscience aux populations afin qu'elles descendent dans les rues pour réclamer un changement. Selon lui, les pancartes que ses compagnons brandissaient portaient toutes des inscriptions, des slogans appelant au changement :

---

[73] Entretien avec Bell Bell, Mboumyébel, 9 septembre2006.

[74] Entretien avec Bikai bi Yée *(Mpodol réincarné)*, Yaoundé, 11 septembre 2006.

Nous avons voulu mobiliser des gens, mais le peuple est réticent. Il a peur. C'est la peur qui a tué le Cameroun. Nous disons simplement « beaucoup d'appelés peu d'élus ». Nous pensons que si les premières prophéties s'étaient réalisées à la lettre, la tâche aurait été beaucoup plus facile.

Bikai a disparu, au moins pour le moment, de l'espace public. Son mouvement semble avoir fait long feu après les marches de 2006. Les actions et le discours de « Mpodol réincarné » révèlent cependant la frontière entre la politique et la spiritualité. De plus, son histoire nous éclaire sur les voies que la jeunesse et les populations rurales sont prêtes à emprunter pour se faire entendre politiquement au 21ème siècle. Bikai aurait pu rejoindre une des branches de l'UPC, devenir un militant du parti et créer son comité de base à Edéa, sa ville natale. Au lieu de cela, il a prétendu avoir entendu une voix divine lui déclarant qu'il était Ruben Um Nyobé. Il a visité le lieu de naissance de Um, rencontré ses veuves (qui ont sondé son histoire), visité *Ngog Lituba*[75] en présence des mystiques afin d'obtenir les bénédictions de Dieu et acquérir la légitimité politique en convoquant un passé symbolique irrécupérable et la mémoire collective d'un mouvement nationaliste inachevé. Pour ce jeune « prophète réincarné », seule l'intervention divine couplée à une réincarnation visible de *Mpodol* peut lui permettre d'accéder, même de façon éphémère, à l'arène politique.

La création de l'Association pour la Défense des Droits des Étudiants (ADDEC)

Dans un environnement marqué par la mise au pas des étudiants et la répression de toute action des jeunes, qu'elle soit destructive ou constructive, rien ne préfigurait, au début des années 2000, la naissance d'un syndicat des étudiants. Pourtant, c'est dans ce contexte qu'a vu le jour l'Association pour la défense des droits des étudiants (Addec). Grâce à une organisation tactique remarquable et un mode opératoire innovant, cette structure est parvenue à mobiliser massivement des étudiants camerounais entre 2004 et 2005, réussissant du même coup à s'inscrire dans la pérennité malgré l'hostilité de l'appareil d'État.

Ce qui est remarquable, c'est que ce mouvement est né de la prise de conscience d'étudiants formatés dans la vie associative au sein d'une structure créée pour servir les intérêts de l'État, la Mutuelle de solidarité des étudiants camerounais (Musec), et dans un environnement marqué par la répulsion de l'opinion publique vis-à-vis des mouvements et des mobilisations étudiants. Cet environnement est également caractérisé par le refus des masses étudiantes d'entretenir toute forme de collusion avec le monde de la politique institutionnelle. Cette volonté de se démarquer de la

[75] *Ngog Lituba* est une grotte sacrée, lieu fort de symboles religieux chez les Bassas.

politique est clairement exprimée dans les statuts de l'Addec[76] et a été manifestée pendant les mouvements de grève que le mouvement étudiant a initiés en 2004 et 2005. Au cours de ceux-ci, l'Addec a eu recours à de nouvelles méthodes de protestation dont les grèves de la faim et des marches non-violentes[77] dans le but d'éviter la stigmatisation, la répression et la récupération du mouvement par quelque formation politique, car les étudiants sont convaincus que leurs conditions de vie et d'études ne préoccupent ni le RDPC au pouvoir, ni les partis d'opposition.

L'Addec est un syndicat étudiant qui a tenu et, tient toujours, à inscrire ses revendications dans une logique antipartisane car ses adhérents ne se reconnaissent en aucun de plus de deux cents partis politiques enregistrés au Cameroun. L'Addec inscrit plutôt son action dans le sillage du nationalisme camerounais dont elle célèbre chaque septembre les martyrs[78]. Après l'annonce par Biya de sa volonté de réviser la Constitution, les fondateurs de l'Addec ont œuvré, avec d'autres jeunes, à la création du Conseil Patriotique et Populaire de la Jeunesse (CPPJ), fondé le 17 février 2008 à Douala, et se sont impliqués dans des actions de protestation contre la levée de l'article constitutionnel limitant les mandats présidentiels préfigurant les mobilisations de fin février 2008[79].

Le Cameroun s'embrase autour d'une Constitution constipée[80]

Entre les 25 et 29 février 2008, le Cameroun a connu, excepté *les villes mortes*, les plus violentes mobilisations de la présidence de Paul Biya. En l'espace de quatre jours, les activités sont interrompues dans une trentaine de villes, des bâtiments publics détruits, des commerces et des stations services incendiés. Le bilan officiel fait état d'au moins 40 morts[81] et de pertes matérielles qui s'élèveraient à 10 milliards de FCFA ; 1671 personnes sont interpellées. Si les prodromes des émeutes de février 2008

---

[76] Voir statuts de l'Addec enregistrés à la préfecture du Mfoundi le 05 août 2004.

[77] Entretien avec Okala Ebodé, leader estudiantin (membre du collectif « main tendue » ayant œuvré pour la remise de peines accordée par le chef de l'État, le 20 mai 2008, aux jeunes emprisonnés pour leur participation réelle ou supposée aux émeutes de février 2008), Yaoundé, 25 juin 2008. Voir aussi M.-E. Pommerolle, « Routines autoritaires et innovations militantes: Le cas d'un mouvement étudiant au Cameroun », *Politique africaine* No. 108 (2007) : 155-72.

[78] Nous avons constate que les photos et les citations des grands figures de l'UPC tapissent les murs du siège de l'Addec à Ngoa Ekelle, le quartier universitaire de Yaoundé.

[79] Entretien avec Okala Ebodé.

[80] Cette expression est le titre de la chanson du musicien camerounais Lapiro de Mbanga dans laquelle il s'insurge contre une possible révision de la constitution. Sur la carrière du chanteur, voir Francis B. Nyamnjoh and Jude Fokwang, « Entertaining Repression : Music and Politics in Postcolonial Cameroon », *African Affairs* 104 (2005) : 251-274, 269-72.

[81] Ce chiffre est contesté par de nombreuses personnalités et associations de la société civile. Aussi certains, à l'instar du Cardinal Christian Tumi, archevêque de Douala, avancent le chiffre de 100 morts tombés sous les balles des forces de l'ordre.

ont pu revêtir des formes sociales à un moment donné, ils sont cependant profondément politiques. En effet, le 31 décembre 2007, lors de son message de vœux de nouvel an à la nation, le président déclare avoir entendu les appels du peuple, et entrevoit la nécessité de réviser l'article 6 de la loi fondamentale stipulant que le mandat du président de la République est de sept ans, renouvelable une fois.

Les appels dont parlent Paul Biya n'émanent, en fait, que des dignitaires du RDPC qui, depuis le début de l'année 2007, inondent, par le canal des médias d'État, les masses de motions prétendument rédigées par les organes de base du parti appelant le chef de l'État[82] à initier un projet de loi de modification de la Constitution. Moins d'une semaine après le message du chef de l'État, les partis d'opposition commencent à organiser des marches de protestation et des conférences qui mobilisent quelques milliers de personnes opposées à « la manipulation constitutionnelle ». Des musiciens comme Lapiro de Mbanga et Joe la Conscience, ainsi que des activistes célèbres, tels que Mboua Massock, le « père des *villes mortes* », organisent également des manifestations contre cette modification de la Constitution. Ils seront interpellés par la police les jours suivants[83].

En effet, le gouvernement s'est mis dans une posture visant à faire taire toutes les voix qui s'élèveraient contre la manipulation de la loi fondamentale. Il n'a pas hésité à utiliser tous les moyens répressifs pour brider les velléités de protestation ou de mobilisation. Mais ça a été sans compter avec la détermination de la jeunesse de la ville de Douala, qui n'a pas souvent hésité à affronter les forces de l'ordre chaque fois que les autorités administratives, policières et militaires de la région administrative du Littoral ont tenté de contrecarrer son action, érigeant son corps en un terrain de résistance. Cette méthode de protestation où on met à l'épreuve son intégrité physique a été expérimentée pendant *les villes mortes*, et reproduite par les leaders de l'Addec en 2004 et 2005 au cours de leurs grèves de la faim.

---

[82] Le président de la République Paul Biya est aussi président national du RDPC.

[83] Joe la Conscience qui entreprend une marche de 320 km entre Loum, sa ville de résidence et Yaoundé dans le but de recueillir des signatures contre la révision de la Constitution sera traduit en justice et condamné à une peine d'emprisonnement ferme. Durant la période des émeutes, son fils, âgé de 11 ans, est abattu par un gendarme à Loum, alors qu'il se trouvait à proximité de la maison familiale, loin du théâtre des manifestations. Lapiro de Mbanga sera interpellé quelques jours après les émeutes et condamné à trois ans d'emprisonnement ferme pour association de malfaiteurs et destruction des biens d'autrui. Mboua Massock sera arrêté et relâché plusieurs fois en 2008, 2009, et 2010. Nous suivons le cas de ces prisonniers activistes grâce à des blogs et des journaux quotidiens publiés en ligne : www.dibussi.com/2008/09/lapiro-de-mbang.html; www.dibussi.com/2008/04/joe-la-conscien.html; D. Nouwou et B. Tchami, « Mboua Massock : J'ai dit à mon peuple que Paul Biya est l'handicap majeur du Cameroun » *La nouvelle expression*, 24 mars 2010 ; « Mboua Massock porté disparu », http://www.camerounlink.net.

Plus que les « vieux », on pourrait être tenté d'affirmer que les jeunes ont tendance à utiliser leurs corps pour résister.[84] Et cette utilisation peut être pluriforme et protéiforme, à travers les performances dans le cadre des cultures populaires, mais aussi dans des manifestations, des confrontations policières. Ce sont ces techniques que les jeunes Ivoiriens ont utilisé en 2004 en Côte d'Ivoire pour faire front aux militaires de la force française *Licorne.* Au Cameroun, ces méthodes ont fait florès pendant les émeutes de fin février 2008 ; on barricade la rue avec des pneus, mais on fait barrage à l'arbitraire avec son corps, en s'opposant (manifestation ou *sit-in*) ou en laissant le corps dépérir (grève de la faim). Le corps des jeunes devient donc un élément versatile en tant qu'agent de résistance. Si cela s'est manifesté durant les semaines qui ont précédé les émeutes de fin février, ça l'a été davantage pendant les cinq jours qu'ont duré celles-ci.

A propos des mobilisations de fin février 2008

Le climat sociopolitique était extrêmement délétère au Cameroun au mois de février 2008. Il a suffi d'un mouvement de grève des transporteurs initié par l'Union des transporteurs du Cameroun protestant contre la hausse des prix des produits pétroliers adoptée le 7 février pour que les villes s'embrasent. Cette hausse qui, par effet domino, allait inéluctablement entraîner l'augmentation des coûts de transports et celle des prix de denrées de base, inquiétait les peuples démunis. Depuis quelques années, les Camerounais, dont le pouvoir d'achat a drastiquement chuté dans les années 1990 à la suite d'une double baisse des salaires des agents de la fonction publique, et de la dévaluation du franc CFA, souffrent d'une crise économique qui rend la survie difficile pour beaucoup d'entre eux[85]. Dans cet environnement, on peut dire qu'il ne fallait qu'un motif pour que le peuple, notamment la jeunesse, exprime son ras-le-bol[86].

Conséquence de l'échec de la négociation du 21 février entre les transporteurs et le Ministre du travail, la grève des transporteurs débute le 25 février. Le mouvement, qui se veut pacifique, est globalement bien suivi dans les grandes villes, Douala et Yaoundé, où tous les secteurs d'activité sont sérieusement perturbés. Profitant de la situation, des milliers de jeunes de toutes catégories sociales descendent dans les rues, notamment, à Douala, pour exprimer leurs griefs contre le régime au pouvoir. Sur les pancartes sont inscrits des slogans tels que : « Non à l'amendement de la constitution », « La jeunesse derrière la Constitution », « Non à la fermeture des médias privés pour réprimer la liberté d'expression », « Biya doit partir », « Non à la

---

[84] Nous remercions Ch. Didier Gondola pour ses remarques qui nous ont aidés à concevoir le corps de cette façon.
[85] Pommerolle, « Régime postautoritaire et militantisme extraverti ».
[86] Entretien avec Okala Ebodé, Yaoundé, 25 juin 2008.

vie chère, assez c'est assez ! », « nous avons faim. Réduisez les prix des produits ! ». Mais très vite, des tensions naissent. Des barricades sont dressées dans les rues dans le but d'empêcher la circulation des automobiles. Le soulèvement populaire prend une tournure violente, et les premières pertes en vies humaines dues à l'utilisation disproportionnée de la force par la police et la gendarmerie sont enregistrées. Les jeunes répondent par la destruction des bâtiments publics, des stations services, des activités appartenant aux nationaux français, des installations de la Société nationale des eaux du Cameroun (SNEC) et d'AES-Sonel (Société nationale de l'électricité) et les propriétés des personnes soupçonnées d'être des affidés du régime[87].

Le 27 février, à l'issue de négociations avec le gouvernement, l'Union des transporteurs publie un communiqué dans lequel il lève son mot d'ordre de grève, l'État ayant consenti à maintenir les prix des produits pétroliers à leur niveau d'avant le 7 février. Mais, dans trente-deux villes du pays, la violence des affrontements entre les jeunes et les forces de l'ordre est allée *crescendo* à cause des exactions commises par les forces de l'ordre. Au soir, le Président Paul Biya, le visage sévère et le verbe dur, s'adresse aux Camerounais et promet la mise à contribution de tous les moyens d'État pour mettre fin à la mobilisation. À l'aube du 28 février, des forces spéciales dont le tristement célèbre Bataillon d'Intervention Rapide (BIR) investissent les villes « insurgées ». Si on note encore quelques escarmouches ici et là, le rapport de forces, déjà largement en défaveur des jeunes manifestants non encadrés, bascule définitivement du côté de la force publique. Le lendemain Douala « pacifiée » demeure une ville fantôme tandis qu'ailleurs reprennent timidement les activités.

Des faits sans précédent marquent les événements de février 2008 et leur suite. D'abord, à la différence des mobilisations populaires des années 1960 et 1990, il ne s'agit pas, en 2008, d'un mouvement intergénérationnel car presque la totalité des manifestants sont des jeunes. Contrairement aux soulèvements des époques précédentes, en 2008, les manifestations plus ou moins spontanées ne se rattachent à aucun parti politique. Ce n'est que dans le sillage des émeutes que certains leaders politiques essayent d'interpréter l'action de la jeunesse et de parler en son nom. Si en 1990, « l'insurrection a permis à l'opposition de construire sa respectabilité »[88], car les gouvernants ont dû négocier avec les opposants pour restaurer l'ordre et le calme pendant *les villes mortes* ; en 2008, aucun politicien ne peut prétendre représenter les émeutiers. Aussi cette mobilisation démontre-t-elle la défection des jeunes de la politique partisane pour d'autres formes de protestation, et l'écart qui persiste, malgré 20 ans d'opposition légale, entre politique institutionnalisée

---

[87] Entretien avec Moussi Moussi Jean (l'un des manifestants), Yaoundé le 10 juillet 2008.
[88] Sindjoun, 24.

et politique informelle [89]. Elle montre aussi « l'autonomisation » d'une jeunesse qui n'attend plus de directives de ses aînés.

De la signification des émeutes de février 2008

Le 18 mai 2008 à l'occasion du dîner d'État offert en l'honneur de Brice Hortefeux, ministre français de l'immigration et de l'identité nationale en visite officielle au Cameroun, Paul Biya reconnaît les mouvements de fin février 2008 au Cameroun comme des « émeutes de la faim ». Pourtant dans son allocution à la nation du 27 février 2008, le Président de la République, avait méconnu la signification réelle desdits événements alléguant que les jeunes manifestants étaient manipulés par des politiciens véreux soucieux de prendre sa place, qualifiant ces derniers au passage d'*apprentis sorciers*. La palinodie du chef de l'État en l'espace de trois mois, recentre le débat sur la signification réelle des événements de février 2008 au Cameroun qui, loin d'être de simples mouvements d'humeur d'une population confrontée à la cherté de la vie comme les a présentés plus tard le discours officiel, traduisaient en fait le malaise d'une génération qui ne se reconnait ni dans ses dirigeants, ni dans ses opposants.

Les événements de février 2008 démontrent à suffisance que toute action de masse au Cameroun, spontanée soit-elle, est politique. Mais ces mobilisations attestent aussi clairement que les Camerounais, surtout les jeunes, ont abandonné les partis politiques pour des formes de mobilisations informelles, désorganisées, voire anarchiques.

CONCLUSION

« *Moi je ne dirai jamais que Biya m'a empêché de prendre le pouvoir. C'est tout à fait normal... Ma logique est que nous sommes dans une bataille. Le gouvernement, le parti au pouvoir et ses satellites, veulent rester au pouvoir... Ils nous créent des obstacles. Alors il nous appartient de développer notre stratégie interne pour vaincre ces obstacles. Et jusqu'à présent je crois que c'est possible. L'une des raisons qui a été à la base de mon mécontentement [avec l'UPC], c'est que... je n'ai jamais eu l'opportunité de montrer que c'est possible*[90] ».

Nous concluons cet article avec ces paroles prononcées par Djoko Domguia, militant de l'UPC dite « fidèle », la branche qui s'est jusqu'à présent tenue loin des jeux de cooptation et de coalition qui caractérisent le champ politique actuel. En 2008, juste après les émeutes, il explique les raisons pour lesquelles il s'est retiré du parti. Lors du congrès de 2004, lorsque l'UPC adopte comme mot d'ordre l'offensive générale pour porter

[89] Sindjoun, 13.
[90] Entretien avec Djoko Domguia, Nkongsamba, Juin 2008.

l'UPC au pouvoir en 2011, Djoko Domguia est élu Secrétaire national aux syndicats, aux associations, et aux luttes sociales. Se sachant expérimenté dans les luttes de base pour investir le milieu populaire et sensibiliser les populations aux enjeux sociaux qui leur importe, il se sent à la hauteur de la tâche. Dans les réunions du comité directeur, Djoko Domguia insiste sur le fait qu' « il faut transformer tous les discours faits en haut lieu en réalités. » Il propose des « *sit-ins* » ; que les leaders de l'UPC prennent la tête des marches et des manifestations organisées par les syndicats, et qu'ils prennent en compte les revendications estudiantines. Malheureusement ses suggestions sont restées lettre morte. C'est la raison pour laquelle il nous dira, «*je n'ai jamais eu l'opportunité de montrer que c'est possible de vaincre les obstacles crées par le RDPC et de prendre le pouvoir* ».

Alors que certains opposants cadets, comme Djoko Domguia, démissionnent volontairement lorsqu'ils se rendent compte que leurs idées pour un changement ne sont pas mises en œuvre, d'autres sont expulsés de leurs partis pour avoir critiqué leurs leaders: c'est le cas de Pierre Mouafo, le secrétaire-général adjoint du SDF en 2004. En définitive, les jeunes opposants quittent le champ politique formel, et il reste peu d'intermédiaires qui puissent surmonter l'écart entre une génération gériatrique concentrée sur le discours politique et les plus jeunes qui visent plutôt à effectuer des changements sociaux.

Certains politologues, à l'instar de Marie-Emmanuelle Pommerolle, soulignent que l'incapacité des jeunes de s'exprimer en des termes explicitement politiques s'explique par une monopolisation du discours politique par le régime au pouvoir depuis 50 ans[91]. Mais nous suggérons que ce n'est qu'une explication partielle. Les partis d'opposition sont après tous légaux depuis 1990. Nous arguons plutôt que le problème majeur du système politique camerounais est l'exclusion des jeunes du débat politique ; c'est un problème qui dépasse les frontières des partis et des loyautés politiques. Des militants relativement cadets du RDPC font face aux mêmes types d'obstacles que Djoko Domguia et Mouafo. Alors que le RDPC maintient une branche de jeunesse, que le président a récemment créé un Conseil National de la Jeunesse « dont la mission est d'assurer l'interface entre les pouvoirs publics et les jeunes »[92], les dirigeants du RDPC mettent de côté tout réformateur soupçonné de faire partie d'une mystérieuse génération 11[93]. L'alternance politique est tout aussi inconnue dans les rangs des partis d'opposition qu'elle ne l'est au sein du gouvernement. Tous ceux qui étaient à la tête des partis d'opposition lors de la transition au multipartisme des années 1990 y sont toujours. À l'époque, ils avaient une cinquantaine

---

[91] Pommerolle, « Routines autoritaires et innovations militantes... », 166.
[92] www.camerounenmarche.cm/documents.
[93] Entretiens avec des acteurs (désirant rester anonymes) qui avaient fait partie du gouvernement et qui ont été arrêtés après février 2008 lors de « l'Opération épervier ».

d'années, aujourd'hui ils en ont 70 à 80. Tous ont été sensibilisés en matière de politique lorsque le Cameroun était encore sous domination européenne. Et ceci dans un pays où seulement 5,5% de la population a plus de 60 ans ! Nous concluons avec une hypothèse tirée de notre conception des traditions politiques camerounaises : lors des élections présidentielles 2011, le parti qui prendra des mesures pratiques pour inclure les jeunes et leurs idées, sera gagnant, pourvu que leur désillusion vis-à-vis de la politique formelle ne soit pas trop grande. Cependant, aucun parti politique ne semble chercher à encadrer la jeunesse, et les efforts d'ELECAM (Elections Cameroun), l'organisation qui supervise les élections, qui est chargée d'enregistrer de nouveaux électeurs, paraissent vains. Si cette indifférence à l'égard des élections présidentielles persiste parmi les jeunes électeurs, nous pouvons nous attendre à ce que Biya soit reconduit à la tête du pays en raison d'un faible taux de participation. Effectivement ce que nous redoutions vient de se reproduire, Biya a encore une fois était réélu au Cameroun. Et si la tradition politique camerounaise se reproduit, nous pouvons anticiper le basculement vers une action politique destructive, comme après 1960, 1992, et en février 2008.

INTERNET COMME NOUVEL ESPACE POLITIQUE : La construction d'une présence internationale par les vandales[94] digitaux !

Par monsieur Modeste MBA TALLA[95]

Cet article a été écrit bien avant le printemps arabe durant lequel les communautés diasporisées et locales ont abondamment utilisé les réseaux sociaux comme *facebook* pour renverser les pouvoirs.

Avec l'agrégation des réseaux sociaux sur Internet, un espace politique est né aujourd'hui, favorable à de nouvelles formes d'expression variées. L'une des communautés hors sol qui s'y est engouffrée est la diaspora. Dès lors, dans un début du XXIème siècle caractérisé par de grandes migrations et le développement rapide des nouvelles technologies de l'information et de la communication, Internet s'est imposé comme l'outil indispensable pour créer des conditions idéales de communication et de développement des communautés humaines. Ce qui conduit les mouvements diasporisés à participer à la formation de nouveaux espaces politiques. Internet est devenu partie intégrante du processus sociopolitique dans lequel des milliers de personnes connectées s'émancipent par rapport au temps et à l'espace. Dans cet article nous montrerons que la diaspora camerounaise ne fait pas exception. Il vise à explorer les points suivants. Tout d'abord, nous examinerons les possibilités qu'internet offre aux immigrés camerounais dans le cadre de la construction d'une identité collective et le renforcement des liens à la fois avec les forces intérieures et extérieures dans la diaspora. Ensuite, nous montrerons comment l'utilisation des réseaux sociaux par la diaspora est perçue par les autorités camerounaises comme une nouvelle menace des forces qu'elles ne peuvent pas contrôler. Car la diaspora est constituée en majorité des jeunes qui ont pu, grâce à internet et tous les réseaux sociaux (courriel, liste de distribution, groupes de discussion, sites internet, blogues, facebook, twitter), créer un nouvel espace qui échappe à tout contrôle. Cette construction d'une présence internationale de plus en plus politisée sur le cyberespace inquiète d'autant plus les autorités de Yaoundé que les « vandales » de l'extérieur sont pourtant « hors sol ». Ces derniers tissent de plus en plus des liens avec ceux de l'intérieur et, imposent un discours qui est repris à l'intérieur, quand ils ne font pas l'écho même des demandes de ceux de l'intérieur.

---

[94] Vandale est un terme généralement utilisé par les autorités camerounaises pour qualifier les jeunes manifestants qui contestent le régime du président Paul Biya.

[95] Modeste Mba Talla est cofondateur du site internet www.icicemac et chargé de cours à l'Université d'Ottawa (Canada). Il est en train d'achever sa thèse de doctorat en Sciences politiques à l'université d'Ottawa, consacrée à la guerre en République démocratique du Congo et dans la région des Grands lacs.

I. UNE RECHERCHE QUI SE CHERCHE

Nous analysons ici la manière dont internet, avec la résonance des médias sociaux, est devenu la sphère publique pour la diaspora camerounaise. Très peu de recherches ont été effectuées sur le rôle de l'Internet dans la formation de la sphère publique diasporique africaine et principalement camerounaise. Cependant, il faut reconnaître l'existence de certaines recherches comme celles de Victoria Bernal[96] sur la diaspora érythréenne numérique qui se concentre explicitement sur la question de la sphère publique, ou celles de Camilla Gibb[97] de la communauté éthiopienne Harari au Canada sur l'Internet et, Amina Loukili[98] sur la diaspora marocaine sur Internet. Les travaux de Terence Lyons sur les diasporas africaines et la politique nationale sur l'Internet, traitant spécifiquement des conflits en Éthiopie [99] qui montrent comment les rigidités des communautés diasporiques ont pu avoir des implications négatives sur la politique intérieure, sont intéressants. Des auteurs tels que, Ebeling[100] et Beckles[101] ont, d'ailleurs, dans leurs études, montré le rôle d'internet comme forum pour les Africains dans la diaspora où ils pouvaient discuter de la destinée de leurs pays respectifs et se mobiliser en posant des actions concrètes sur le terrain social et politique. Ainsi, pour De Beer, « the future of Africa lies in digital bridge » [102], l'Internet semble être ce pont pour les Africains en diaspora.

---

[96] Bernal V., « Digital Diaspora : Conflict, Community, and celebrity in virtual Eritrea », *Eritrean Studies Review*, 4, 2, 2005, p.185-209.

[97] Gibb C., « Deterritorialized people in hyperspace: creating and debating Harari identity over the Internet », *Anthropologica*, 44, 1, 2002, p. 55-67.

[98] Loukili A., « Moroccan Diaspora, Internet and national imagination: Building a community online through the Internet portal Yabiladi », Unpublished paper, presented at Nordic Africa Institute Nordic Africa Days Workshop on Restrictions and Possibilities. The Media in Discourses of Migration, Citizenship and Belonging in Africa, Uppsala 5-7 October 2007.

[99] Lyons T., « The Ethiopian Diaspora and Homeland Conflict », Paper presented to 16th *International Conference of Ethiopian Studies*, Trondheim, 2-7 July 2007 ; Lyons T., « Diasporas and Homeland Conflict », Unpublished paper presented to DC Area Workshop on Contentious Politics, 2004.

[100] Ebeling M. F. E., « The New Dawn : Black Agency in Cyberspace », *Radical History Review* 87 (2003), p. 96-108.

[101] Beckles C., « Black liberation and internet: A strategic analysis », *Journal of Black Studies*, vol. 31, N° 3, p. 331-24, 2001.

[102] De Beer, A., « The Internet in Africa a new road to development opportunities or a digital highway leading to nowhere ? » , *Critical Arts*: *A South North Journal of Cultural and Media Studies*, 15(1&2), 135153, 2001.

II. UNE DIASPORA BRANCHÉE

Lorsqu'on fait référence aux populations africaines ayant émigré hors du continent, on utilise très souvent le terme de « diaspora branchée ». Pour Boulou Ebanda[103], le concept de *diaspora* est un mot composé qui vient du Grec, *dia* (à travers) et *sporà* (ensemencement). Une diaspora est donc un groupe d'individus formant un ensemble plus ou moins homogène, souvent ethnoculturel - comme les Grecs en Australie, ou les Juifs aux États Unis d'Amérique. On peut aussi parler de diaspora chinoise, cubaine, sénégalaise... Généralement, une diaspora, même quand elle est en opposition avec les gouvernants du pays d'origine, travaille pour la construction de ce pays d'origine.

Mais depuis les cinq dernières années, ce terme attire de plus en plus d'attention. D'abord, les institutions de *Bretton Woods* (surtout la Banque mondiale) et ensuite, la Commission de l'Union Africaine. Ce qu'il faut retenir est que ce nouveau discours sur la diaspora est d'abord économique. D'autant plus que selon les statistiques de la Banque Mondiale, la diaspora africaine[104] se répartit de la façon suivante selon les régions : 39,16 millions de personnes en Amérique du Nord ; 112,65 millions en Amérique latine ; 13,56 millions dans les Caraïbes et 3,51 millions en Europe. Les envois de fonds enregistrés vers les pays d'Afrique subsaharienne s'élèvent à environ 10 milliards de dollars, mais leur montant réel pourrait atteindre les 40 milliards de dollars. Pour l'UA, la diaspora est considérée comme la « 6ème région » africaine. Voilà le présupposé qui a ramené le terme « diaspora » dans le discours courant. Quant à la diaspora camerounaise, son effectif se chiffre à 4 millions[105].

Avec un tel chiffre, Internet représente l'unique moyen de reconstituer des communautés diasporisées virtuelles, surtout dans un contexte où cette diaspora n'a jamais été prise au sérieux par les autorités nationales. Dans le cas des communautés camerounaises, on assiste d'abord à la création des listes de diffusion sur Internet pour soutenir leurs activités en échangeant des informations en même temps qu'on renforce leur solidarité transnationale. Au-delà d'être seulement ce pont, il est désormais ce centre de déliaison de la parole où les sites internet, les blogues

---

[103] Boulou E., « Pour une diaspora africaine constructive : Trois constats et une réflexion sur le rôle primordial de la culture et de l'éducation », (Article consulté le 12 juillet 2011 http://muna-bonabedi.blogspot.com/2011/07/pour-une-diaspora-africaine.html.

[104] Selon la définition de la Commission de l'Union africaine, la diaspora africaine désigne « les personnes d'origine africaine vivant hors du continent africain, qui sont désireuses de contribuer à son développement et à la construction de l'Union africaine, quelles que soient leur citoyenneté et leur nationalité ».

[105] Cf. *Cameroon-tribune* du 20 août 2010. Le chiffre officiel avancé par les autorités dont Minrex, Henri Eyebe Ayissi. Un chiffre qui pourtant, ne semble pas refléter la réalité, comme on le reconnaît au ministère des Relations extérieures, faute notamment d'un recensement exhaustif.

personnels, les webradio et webtélé s'imposent. Ces différents instruments sont une sorte « d'informel transnational » déjouant les frontières, tout en estompant toute référence territoriale physique et matérielle. Ainsi, grâce à ces instruments, les membres de la diaspora entre eux-mêmes et dans leurs interactions avec ceux restés sur place, œuvrent à la construction d'une identité totalement délocalisée sinon « a-localisée ». Ceci est d'autant plus effectif que les caractéristiques des réseaux sociaux sous la férule d'internet dénotent une certaine décentralisation participative dans un cadre non réglementé et égalitaire. Ce qui permet ainsi aux minorités exclues des médias traditionnels à l'intérieur comme à l'extérieur, d'être entendues par l'opinion publique africaine et internationale. Cette création d'une nouvelle spatialité permet à ces différents instruments de contester la permanence territoriale, mais surtout, vient répondre au besoin d'interconnexion et d'interaction des millions de Camerounais de la diaspora et de l'intérieur qui vivent de plus en plus dans des espèces de micro-espaces à la fois localisés et délocalisés. Ainsi, ces différents publics participent à l'émergence des territorialités multiples où l'espace se recompose grâce à l'action participative des internautes éparpillés aux quatre coins du globe.

Si pour Badie[106], le territoire fait partie des fondements ontologiques de l'homme, dans ce sens il est considéré comme un instrument de l'autorité des gouvernements, objet selon O'Tuathail[107] d'un « géo-pouvoir » c'est-à-dire, la donne politique de la pratique géographique. Pour Habermas même, « The relationship between the authorities and the subjects there by assumed the peculiar ambivalence of public regulation and private initiative. In this way the zone in which the public authority, by way of continuous administrative acts maintained with private people was rendered problematic »[108].

Mais avec internet, ce type de relation procède d'une autre époque, surtout que les autorités de Yaoundé, qui, malgré une certaine pluralité en termes de titres et de types de médias, sont restées aux commandes d'un régime fondamentalement oppressif et, continuent à vouloir contrôler la sphère publique, et tout le discours politique national. Les médias en somme vivent une sorte de liberté surveillée.

---

106 Badie B., *La fin des territoires*, Paris, Fayard, 1995.

107 O'Tuathail G., *Critical Geopolitics*, Minneapolis, University of Minnesota Press, 1996.

108 Habermas J., *The structural transformation of the public sphere: an inquiry into a category of bourgeois society,* Cambridge, Mass : MIT Press, 1989.

III. ENTRE LA RÉPUBLIQUE VISIBLE ET LA RÉPUBLIQUE INVISIBLE

Il n'est donc pas surprenant que les premiers coups donnés à l'édifice du régime autoritaire de Yaoundé sont partis du cyberespace. Les nombreux sites et blogues participent peu à peu à la construction d'une présence internationale de plus en plus politisée sur le cyberespace. Ceci d'autant plus que les Camerounais dans la diaspora ont décidé d'utiliser, « to air their grievances and provide solutions to the political predicaments of their country » (Kehbuma Langmia[109]). Peu à peu, les autorités de Yaoundé s'inquiètent d'autant plus que les « vandales » de l'extérieur qui sont « hors sol », tissent de plus en plus des liens avec ceux de l'intérieur et imposent un discours qui est repris à l'intérieur, quand ils ne font pas l'écho même des demandes de ceux de l'intérieur. Et en fait, l'information selon laquelle « le président Biya serait mort en Suisse » suscitera[110] l'intérêt des autorités camerounaises au cyberespace. Cette mort virtuelle de Biya aura de grandes répercussions à Yaoundé d'autant plus que le pouvoir en place a été pris au dépourvu. Deux semaines après, est créé au sein du ministère de la communication (MINCOM), un Système de Veille et d'Alerte Cybernétique, en abrégé SYSVAC. Le Système est chargé de la surveillance permanente des sites web diffusés sur l'ensemble du réseau Internet ; - de l'édition et du stockage instantanés sur les supports appropriés, des informations pertinentes diffusées à partir des sites web susvisés ; - de la rédaction quotidienne des rapports sur l'état du web[111].

Toutes ces décisions furent doublées du renforcement de la politique communicationnelle au niveau de la présidence et de la création d'un nouveau site pour le président de la République. La décision des autorités camerounaises exprime leur incapacité à dépasser la notion de territoire, d'imaginer d'autres formes d'espace et d'autres lieux de délibération. Les autorités sont malencontreusement encore prisonnières de l'impératif territorial. Selon Denis Retaillé [112], « L'impératif territorial c'est l'établissement d'un déterminisme simple qui permet d'établir l'information et de prévoir l'action ». Dans la même veine, pour Robert Sack, la territorialité est considérée comme « une composante du pouvoir, un moyen pour créer ou maintenir l'ordre, une stratégie pour créer et maintenir une grande partie

---

[109] Langmia K., *The internet and the construction of the immigrant public sphere: the case of the Cameroonian diaspora*, Lanham, Md : University Press of America, 2008.

[110] Africanindependant.com publie bien un article intitulé : « Le président Biya serait mort en Suisse » et signé par Ndzana Seme, toutefois, l'article est daté du 5 juin, alors que la rumeur se propageait déjà dans certaines rédactions la veille au soir du 5 juin 2004.

[111] *Cameroon Tribune*, 16 juin 2004.

[112] Retaillé D., « L'Impératif territorial », B.Badie et M.-C, Smouts (Éds.), *L'international sans Territoire*, Paris : L'Harmattan, Cultures & Conflits, 1996.

du contexte géographique à travers lequel nous faisons l'expérience du monde »[113].

D'ailleurs, pour échapper à ce contexte, comme le montre Kehbuma Langmia «The internet in the Diaspora has become an unprecedented avenue for the citizens to carry out democratic dialogue on topics that otherwise would not have been either published in the local newspapers at home or broadcast on television or the radio »[114]. Ceci est d'autant plus renforcé par le fait que les communautés camerounaises dispersées dans différents lieux géographiques échangent des points de vue et des idées et, débattent sans crainte sur les restrictions des médias traditionnels ou l'arbitraire de la censure[115]. Les réseaux sociaux constituent ainsi l'espace des incertitudes pour le pouvoir de Yaoundé. De nombreuses organisations politisées de la diaspora : (Collectif des organisations de la diaspora camerounaise (Code), Camdiac, Picam, Mouvement Um Nyobiste (CNR-MUN)) vont réinvestir internet, remettre au grand jour l'esprit du « parlement »[116]. Beaucoup de dirigeants de ces organisations sont des anciens « parlementaires » de l'université de Yaoundé qui furent tous exclus des institutions universitaires et forcés à l'exil. Internet constitue une autre opportunité de réarticuler le discours politique, d'affronter les autorités de Yaoundé sur un terrain qu'ils ne maîtrisent pas et qu'ils ne peuvent pas contrôler. Et en matière de discours et de présence, ces organisations savent se jouer des processus de déterritorialisation où la construction de l'espace est d'abord narrative. Ainsi, ils se meuvent facilement entre Londres, Paris, Bruxelles, Hambourg et, chacun de leurs mouvements, qui est souvent ponctué de rencontre et de *sitting* devant les ambassades de leur pays, rend les autorités de Yaoundé nerveuses. D'ailleurs, les autorités camerounaises à Yaoundé le leur rendent très bien en les appelant « les vandales » ou ce petit groupuscule qui salit l'image du pays. Cet espace d'intersubjectivité marque une césure des relations de souverainetés ; ce qui leur permet ainsi de se défaire des tentatives de prise de contrôle par l'appareil politico-administratif d'État. Ces organisations peuvent idéalement se situer dans ce que l'on peut considérer comme un "informel transnational" favorisant des résistances multiples et plurielles, mais surtout porteur de revendications pas toujours contradictoires, mais souvent divergentes. Pour Constantin François, « l'informel transnational est, par ce caractère plus qu'un système de défense efficace pour les groupes sociaux en situation de précarité parce

[113] Sack R., *Human Territoriality*, Cambridge, Cambridge University Press, 1986.

[114] Bernal V., « Diaspora, cyberspace and political imagination: the Eritrean diaspora online », *Global Network*, 6, p. 161-179, 2006.

[115] Appadurai A., « *Modernity at large: cultural dimensions of globalization* », Minneapolis: University of Minnesota Press, 1996 et Bernal V., « Diaspora, cyberspace and political imagination: the Eritrean diaspora online », *Global Network*, 6, p. 161-179, 2006.

[116] Le parlement indépendant ici ne représente pas le parlement légal du pays, mais il est constitué des individus qui sont hors du territoire national.

qu'ils sont minoritaires ou marginaux au sein des systèmes étatiques (…). Le recours à l'informel transnational est moins le fruit d'une perversité morale ou politique qu'une réaction ingénieuse pour échapper aux entraves, aux blocages, aux défaillances engendrées non seulement par les déficiences de l'État sous développé, mais aussi par l'excessive bureaucratisation de l'État moderne »[117].

Les événements de février 2008 au Cameroun marquent aussi ces moments où le gouvernement a tenté d'investir le net ou d'empêcher son utilisation. De nombreux cyber ont été infiltrés, pour voir ceux qui envoyaient les photos des événements. Si ces autorités ont pu intimider quelques uns, le couloir est resté ouvert entre l'intérieur et la diaspora. Et un des exemples d'organisations ayant toujours maintenu cette passerelle est l'Association pour la Défense des Droits des Étudiants du Cameroun (ADDEC) qui participe aussi à cette construction d'une présence internationale de plus en plus politisée. Dans ce sens, elle s'inscrit comme d'autres organisations moins médiatiques dans une certaine recontextualisation de l'espace dans lequel on peut intégrer les paramètres de fluidité et de complexité de la mondialisation, qui permettrait de saisir avec clarté le cadre spatial complexe qui s'impose aujourd'hui aux diasporas. Avec les prochaines élections présidentielles qui s'en viennent en 2011, on assiste sur la toile à un regain non seulement d'activités, mais à de tensions de plus en plus perceptibles. Une fois de plus, le troisième espace dont fait référence Edward Soja sera utilisé. Un troisième espace qui peut être réel et imaginé, mais un espace de narration et d'intersubjectivité. Un espace qui permet de s'affranchir de certains déterminismes imposés. Cet espace non concret offre également des possibilités de création et des perspectives de dépassement à travers l'appropriation par ses communautés de leur condition. C'est ce qui se traduit de manière fort saisissante dans les propos de Soja, "I would describe as a Thirdspace consciousness provide a new political grounding for collective struggles against all forms of oppression, whatever their sources and at whatever geographical scale they are expressed, from the intimacies of human body (what the poet Adrienne Rich once called the'geography closest in) to the entrapments built in to the global political economy"[118].

---

[117] Constantin F., « L'informel internationalisé ou la subversion de la territorialité », B. Badie et M-C. Smouts (Éds.), *L'international sans Territoire*, Paris, L'Harmattan, Cultures &Conflits, 1996, p. 9-17.
[118] Soja E., « Third space: expanding the scope of the geographical imagination », D. Massey, J. Allen, P. Sarre (eds.), *Human Geography Today*, Cambridge, Polity Press, 1999.

CONCLUSION

En substance, pour que ce nouvel espace évite le piège du mirage et qu'il débouche sur des changements et des mutations palpables au Cameroun, ce troisième espace doit absolument s'arrimer à un espace physique capable de changer ou de réordonner l'ordre ancien. En plus, il doit s'appuyer sur un faisceau de réseaux qui puise ses racines dans les forces sociales existantes structurées mais assez souples pour s'ajuster aux changements récurrents. Ce n'est qu'à travers ces réseaux que peut se construire cette sorte de contre-pouvoir à la manière gramscienne, sinon, il restera longtemps une sorte de mirage incapable de faire corps. Ceci d'autant plus que les réalités de territorialisation et de déterritorialisation ne forment en fait qu'une seule réalité.

POUR UNE DIASPORA AFRICAINE CONSTRUCTIVE DANS SON RÔLE PRIMORDIAL DE LA CULTURE ET DE L'ÉDUCATION

Par BOULOU EBANDA NYA BONABEDI, Ph.D[119]

Le décès l'an dernier, d'un homme a priori engagé pour la démocratie dans son pays, Puis Nouméni Njawé, m'a d'abord incité à réfléchir sur les quelques lignes qui suivent. En plus de la mort de Njawé, les événements de ces derniers temps (en Côte d'Ivoire, les Révolutions de jasmin en Tunisie et en Égypte, de même que les soulèvements silencieux ou violemment réprimés au Maroc, en Syrie et au Yémen), m'ont encouragé à me lancer dans cette démarche un peu 'mode d'emploi'. En effet, il s'agit non seulement de partager un constat mais aussi d'ouvrir une conversation critique sur l'avenir de l'Afrique noire.

Ainsi, même si je souhaiterai m'adresser à tous les Africains, je concentrerai néanmoins mes propos sur un cas en particulier, celui du Cameroun, en passant par une réflexion historique inspirée de la Côte d'Ivoire. Je vais donc être franc et violent par certains de mes propos, car ils me semblent si vrais qu'ils doivent aussi s'entendre crûment !

Entre les années soixante-dix et quatre-vingt, il se déroula un événement particulier au pays du Vieux Houphouët Boigny : « l'Ivoirisation des cadres ». Il s'agissait là d'un processus qui devait permettre aux citoyens ivoiriens de prendre le contrôle des institutions publiques et économiques, jusque-là dominées par des immigrants Français, des Burkinabés, des Togolais ou des Béninois en majorité. L'Ivoirisation des cadres avait pour objectif ultime de créer un esprit nationaliste, de forger en l'Ivoirien un patriote, un « citoyen » si je puis dire, un peu à l'image de la « Révolution tranquille » au Québec des années soixante[120]. Or, entre les années soixante-dix et cette aube du 21ème siècle, ce fut un échec total de l'ivoirisation citoyenne des Ivoiriens. Ceux-ci, plus que jamais, sont restés ancrés dans leur ethnicité tribale : Agni, Ebrié, Dioula, additionnée à leur régionalisme identitaire : Sudistes, Nordistes, de l'Ouest, du Centre et de l'Est, etc., et non des citoyens ivoiriens. Comme au Cameroun, on pense surtout en termes de

---

[119] L'auteur est Professeur agrégé en Sciences de la communication et de l'information, Spécialiste des études culturelles et Directeur de recherche au Laboratoire des médias audiovisuels pour l'étude des cultures et des sociétés à l'Université d'Ottawa (www.lamacs.uOttawa.ca). Cet article est aussi publié dans le journal en ligne de l'auteur à: http://muna-bonabedi.blogspot.com/2011/07/pour-une-diaspora africaine.html.

[120] La « Révolution tranquille québécoise » a été un mouvement à la fois politique et intellectuel qui permit aux francophones du Canada de se doter des institutions étatiques (financières, juridiques et éducatives) dans le but non seulement de garantir la survie de la culture française en Amérique du Nord, mais aussi, de permettre aux francophones québécois de contrôler leur avenir. Pour en savoir plus, voir Gérard Tremblay, *La révolution tranquille.* Sainte-Anne-de-Beaupré : La Revue Sainte-Anne (1999).

Douala, d'Ewondo, d'Haoussa, de Bami, d'Anglo, de Nordistes et de Sudistes…

À la mort de Puis Njawé en 2010, la question que je me suis posée était de savoir le pourquoi de cette mort subite. Je me dois de répéter cette question car pour les Camerounais, on meurt inévitablement, non de maladie ou d'accident fatal, mais « de quelque chose de forcément mystérieux », d'un acte de sorcellerie. Je me suis donc demandé si c'est véritablement pour la mystérieuse démocratie, celle pour laquelle Puis Njawé a dit se battre toute sa vie qu'est apparue cette mort, ou est-ce pour épauler quelques idéologues, des sorciers exilés chez l'Oncle Sam, eux-mêmes anxieux de prendre le pouvoir à Yaoundé pour en faire on ne sait quoi à leur tour ? Je suis en droit de me demander pourquoi l'Afrique noire aurait vu disparaître Njawé, loin de sa famille, dans une jungle des idées sorcières, à Washington, invité par un groupe d'inconnus, des autoproclamés « Représentants de la diaspora camerounaise » ?

Constat numéro un : Vivre dans le mirage est dangereux ! Comme tout Camerounais, j'ai cru pendant longtemps que ce pays était non seulement riche mais aussi le meilleur pays au monde. Ce patriotisme primaire fut un leurre, un mirage enivrant qui ne m'a pas ouvert les yeux vers la citoyenneté. J'ai cru qu'ils - les Camerounais - étaient invincibles, hyper intelligents et capables de miracles. D'ailleurs, je sais qu'aujourd'hui encore, plusieurs de mes compatriotes croient *mordicus* en des capacités mystérieuses de leur pays. N'est-ce pas, soutiennent-ils souvent avec une fierté dont ils ne semblent pas mesurer le paradoxe, « qu'impossible n'est pas camerounais » ? Une fierté plus que paradoxale car au fond de leur cœur, tous les Camerounais savent qu'ils ne sont pas riches, bien au contraire, ils sont pauvres, très pauvres même pour la grande majorité qui est aussi surendettée et vivant au jour le jour. Et même s'ils soutiennent souvent qu'ils sont les plus intelligents, ils savent en réalité que cela n'est pas vrai, que c'est là faire la pirouette de l'autruche, que c'est vivre dans un mirage. C'est ainsi que Puis Njawé est mort l'an dernier, j'en ai bien peur, en croyant faire l'impossible, un miracle à la camerounaise à Washington, dans un concert de sorciers qui annonçaient détenir la potion magique capable de « chasser du pouvoir Paul Biya », car ainsi avait-il intitulé leur rencontre, au nom d'une certaine diaspora camerounaise. Mais que signifie la notion de diaspora ? Le concept de diaspora est un mot composé qui vient du Grec, *dia* (à travers) et *sporà* (ensemencement). Une diaspora est donc un groupe d'individus formant un ensemble plus ou moins homogène, souvent ethnoculturel – comme les Grecs en Australie, ou les Juifs aux États Unis d'Amérique. On peut aussi parler de diaspora chinoise, cubaine, sénégalaise… Généralement, une diaspora, même quand elle est en opposition avec les gouvernants du pays d'origine, travaille pour la construction de ce pays d'origine. Il est connu que c'est la diaspora cubaine qui, malgré son opposition contre le régime de Castro, continue de fournir Cuba en devise étrangère. La diaspora chinoise, longtemps contre le régime communiste de Mao, a néanmoins accompagné la Chine à devenir aujourd'hui la seconde puissance économique du monde (au moment où j'écris cette note), peut-être la première dans quelques années. Une diaspora camerounaise qui se limiterait à des gros titres comme : « Forum pour chasser Paul Biya d'Étoudi », ressemblerait à un groupe de sorciers distants qui manipuleraient des potions magiques sans pouvoir de changement réel, des potions qui n'arriveraient même pas à traverser la rivière d'à côté. C'est ici la première boucle de ma première leçon : pour sortir du mirage de cette sorcellerie des gens qui nous disent que tout est possible, il faudrait comprendre qu'une véritable révolution nationale ne peut se faire qu'avec la volonté et la détermination des « voix citoyennes ». C'est ce que les expériences tunisiennes et égyptiennes nous ont appris. Le changement n'intervient pas avec les voix d'une diaspora faite d'apprentis sorciers, mais avec des formations qui encouragent le développement d'une mentalité citoyenne. Ces Camerounais, auto-nommés représentants de la diaspora qui se croient intelligents, sont en réalité des apprentis-sorciers. À l'évidence, leur énoncé principal, « chasser Paul Biya d'Étoudi », signale le brevet d'une ignorance élémentaire qui, de surcroît, renforce l'idée que l'habitant actuel d'Étoudi est plus intelligent que ceux qui n'en veulent qu'à sa peau et ne souhaitent pas véritablement apporter du nouveau dans la construction d'une conscience citoyenne des Camerounais.

Constat numéro deux : une diaspora produit la richesse pour ses compatriotes. Une diaspora constructive construirait des écoles comme dans les villages du Mali, du Sénégal, d'Afrique du Sud et d'ailleurs. Elle n'attend pas du politique pour creuser des puits d'eau potable, mais s'engage dans de micro-projets pour les réaliser. Une véritable diaspora connaît le terrain de sa terre natale. Elle sait avec qui traiter. Elle apporte une évolution à la base, car c'est là que le changement émerge le plus souvent. C'est le peuple qui change ses élus et non le contraire. On l'a vu en Tunisie et en Égypte, avec une personne au départ, puis un quartier, une ville... ; de loin, de la France ou des États-Unis, cela n'a jamais fonctionné. Bref, une analyse simple du rôle diasporique démontrerait que, le plus souvent, les diasporas ont toujours eu une grande part dans la modernisation de la nation d'origine, dans l'évolution des mentalités humaines et pour le développement d'une mentalité citoyenne. Depuis quelques semaines maintenant, d'autres sorciers éclairés, d'autres représentants d'une certaine diaspora camerounaise se sont réveillés sous le prétexte et l'énoncé principal de vouloir changer le pouvoir à Yaoundé. Comme si, de manière inéluctable, le changement de pouvoir à Yaoundé était la seule condition garantissant la production des institutions démocratiques. Ainsi, encore une fois, nous retrouvons le prétexte principal de ces apprentis-sorciers, représentants auto-nommés de la diaspora camerounaise : « Chasser Paul Biya du pouvoir » pour avoir des institutions démocratiques. Les Africains devraient faire attention à ce type de proposition provenant d'individus avides et affamés, comme ceux qui ont servi sur un plateau la mort à Puis Njawé. Sous le prétexte de vouloir faire une révolution au nom du peuple, ces sorciers éclairés, se cachant en terre étrangère, pensent être au cœur d'un mouvement de libération. Toutefois, leur marginalité est symptomatique de leur idéologie utopique, car tous les Africains capables de réfléchir savent que les institutions démocratiques ne sont pas les seules conditions garantes d'une vie sociale, démocratique et juste, encore moins d'un fonctionnement politique démocratique. Les institutions démocratiques dépendent des gens qui y travaillent et qui les servent. Ainsi, ce sont les personnes impliquées, les hommes et les femmes dans ces institutions qui produisent un environnement social démocratique et juste, ou dégradé, corrompu et dégénéré. Ainsi, pour libérer l'Afrique d'un autre mirage d'ignorance qui nous étreint, il faudrait d'abord, véritablement, moderniser les mentalités de petites gens avec de petits projets concrets. Il faudrait, si vous détenez des connaissances quelconques, aller les partager avec vos concitoyens. Il faudrait éduquer et former, car une véritable participation citoyenne commence par le partage des connaissances. Il faudrait sortir du tribalisme, du régionalisme et autres croyances honteuses et irrationnelles des religions qui polluent le quotidien de nos pères, mères, frères et sœurs. Nous avons vu ce que cette ethnicité régionalisée et ces croyances à « certains esprits charismatiques » ont fait en Côte d'Ivoire récemment, plus tôt c'était au Liberia et en Sierra Léone. Nous savons ce qu'ils ont fait et continuent de faire au Soudan, au Congo, au Burundi, au Rwanda et bien ailleurs en Afrique.

Leçon numéro trois : Le tribalisme tue les Africains.

Le tribalisme nous divise, il n'aide pas à la construction d'une nation commune. Il aide à renforcer des diktats et à déstabiliser les institutions nationales. Le problème, au Cameroun comme ailleurs en Afrique noire, en réalité, n'est qu'en petite partie dans les palais présidentiels. Notre problème, à nous Africains noirs, est fondamentalement l'ignorance tribale qui nous enferme dans une profonde mentalité coloniale. Un Douala ne marie pas ouvertement, sans problème, une Bamiléké ; une Bassa n'ira pas sans problème chez un Haoussa, et ainsi de suite. Les Camerounais, à cause de leur mentalité tribale qui définit leur identité primaire, sont restés des étrangers dans leur propre pays, même s'ils voyagent et s'installent librement ailleurs, hors de leur région natale. Cette identité tribale aurait forgé une mentalité raciste faite de stéréotypes dévastateurs tels que: les Douala sont… les Bamiléké sont… les Sudistes, les Nordistes sont etc., des généralités stéréotypées naturalisées dans le langage quotidien que nous entendons sans réagir dans les conversations anodines tous les jours. À ce tribaliste identitaire, plus qu'un coq dans la savane, l'homme africain est aussi, en général, un sexiste fondamentaliste. Son épouse, encore aujourd'hui, est son objet, son bien, sa propriété au nom de certaines valeurs tribales et sauvages. Cette ignorance le rend aussi violent, fondamentalement. Nous avons revu le film de cette violence lors des récents événements en Côte d'Ivoire, nous entendons parler de ce qu'il fait aujourd'hui au Congo, au Soudan et ailleurs. Motivé par l'appât du gain, avide de démontrer qu'il est le plus fort, armé de son tribalisme sauvage qui oppose le Nord au Sud, le chrétien au musulman, le Bété au Dioula, l'Ivoirien à l'étranger, cet ignorant a tué, une fois de plus, des milliers d'innocents. Ce sauvage ignorant a violé des femmes et des enfants, une fois de plus. On parle même de « seigneurs de guerre » en Côte d'Ivoire et au Congo, comme hier en Sierra Léone et au Libéria, ces beaux pays modernes à une certaine époque, aujourd'hui ensevelis sous les cendres et le sang des innocents. Le tribalisme tue les Africains et la diaspora africaine pourrait jouer un rôle important pour lutter contre ce cancer. Ainsi, une diaspora constructive devrait aider les citoyens des pays d'origine à entamer leur marche vers la modernisation des mentalités. Ici, au moins deux éléments sont fondamentaux : la culture et l'éducation. La culture et l'éducation semblent être les clés de tout processus de modernisation mentale, intellectuelle et pragmatique. Réfléchissons, la Culture telle qu'énoncée avec une majuscule ici implique plus qu'une fierté patriotique sauvage du genre « impossible n'est pas camerounais ! » Seuls les référents de la grande culture citoyenne sont garants d'une identité nationale forte au-delà du régionalisme et du tribalisme sauvage qui empoisonne l'Afrique noire. C'est elle qui ferait de la diversité tribale une unicité citoyenne. C'est elle qui réunirait les différences sous un même projet citoyen. Aujourd'hui, par exemple, si nous nous posons la question de l'identité culturelle au Cameroun, en Côte d'Ivoire ou au Congo, nous n'aurons aucune réponse cohérente, alors que c'est dans la culture qu'il faudrait puiser les ressources référentielles d'une construction identitaire citoyenne. C'est la culture qui aiderait à répondre à la question suivante : qu'est-ce qui fait de vous un Camerounais, un Ivoirien, un Togolais, un Tunisien… ? Elle ferait la fierté d'un village, d'une région, d'une ville et ultimement d'une nation. Il faudrait donc des projets - au-delà de la représentativité tribale - pour élever les multiples cultures régionales et tribales au plan national et citoyen. Il faudrait créer des stratégies de représentation 'transtribalistes', car c'est par la construction d'une culture nationale métissée des différences que le tribalisme sera vaincu, et que cette gangrène cancérigène formée de stéréotypes sauvages qui polluent encore les relations humaines en Afrique noire sera percée pour de bon. Si le projet de l'ivoirisation des cadres en Côte d'Ivoire dans les années soixante-dix avait servi à créer une culture citoyenne, les Ivoiriens d'aujourd'hui n'auraient pas permis qu'un dictateur occupe avec force le palais de la République, ou que des rebelles divisent le pays en deux. Ils les auraient chassés au nom de la citoyenneté, comme en Égypte et en Tunisie, car la citoyenneté n'est pas régionale, ethnique ou raciale, elle ne serait pas limitée à des discours de 'nous' versus 'eux' comme cela est souvent le cas dans ce type de conflits. Cette binarité primaire aurait disparu. Et les Ivoiriens parleraient de la nation, de leur citoyenneté culturelle comme le reflet d'une construction pragmatique de leurs différences. Il faut donc urgemment construire cette identité en Afrique noire aujourd'hui. En effet, c'est urgent car dans un pays africain comme le Cameroun, avec sa constitution tribale plurielle assez particulière et en l'absence d'une identité citoyenne, les institutions démocratiques ne peuvent être les seules garantes d'un état démocratique, mais d'une démocratie fondamentalement démographique et tribaliste. Ainsi, les groupes tribaux à forte démographie seront ceux qui occuperont le pouvoir *ad vitam aeternam,* puisque le sentiment de la culture nationale - et même d'une identité nationale - est encore inexistant. Le tribalisme, une fois de plus, viendra s'interposer entre les hommes et vaincra la citoyenneté et la démocratie, car les Africains ont pour coutume de voter pour le diable qu'ils connaissent et non pour l'ange autoproclamé qui vient d'une tribu qu'ils ne connaissent pas, ne veulent pas connaître et avec lequel ils n'ont jamais eu de rapports citoyens. Ils votent pour le cousin et non pour son projet. Ils votent pour un nom et non pour l'idée que défend le nom, une loyauté aveugle à la tribu et non à un projet politique pour la nation[121].

Pour moderniser les mentalités, il faudrait donc que les Africains soient un peu plus inventifs. Il faudrait qu'ils se rapproprient les processus démocratiques, mais surtout la notion même de démocratie qui n'est pas innée mais un construit en soi. Il faudrait qu'ils arrivent à produire des démocraties contextualisées, localisées, 'rappropriées' à la réalité de chaque village, de chaque ville et de chaque situation nationale. En réalité, ce que j'essaie de soutenir est qu'il n'est plus admissible, en cette aube du 21ème siècle, que des nations africaines continuent à copier leurs modèles de gouvernance ou systèmes politiques sur des bases exclusivement occidentales. Il est inadmissible et honteux d'avoir des élus africains incapables de produire des idéologies démocratiques éthiques – c'est à dire des systèmes populaires d'une représentativité intégrative et adaptée au contexte à la fois historique, sociodémographique et culturel de leur nation. L'Afrique mérite aujourd'hui, plus que jamais, une éthique politique affirmée par chacun de ses enfants, pas une complaisance démocratique. La démocratie africaine reste à inventer. Nous parlons ici d'une Africanité renouvelée, porteuse d'une identité éthique, nationale et citoyenne. Ce constat est particulièrement vrai pour tous les pays africains car la postcolonie n'a pas autorisé la construction de « nations citoyennes » en Afrique, et les Africains sont restés des « non citoyens » et des membres d'une tribu ou d'une région dans ces états postcoloniaux de non-droit. La Chine se développe aujourd'hui et ses citoyens entrent dans la modernité

[121] Un article brillamment écrit par Alexandre Arsène Bell, Secrétaire général de l'organisation d'émancipation sociale 'Citizen', illustre assez bien ce constat. (Voir http://journalducameroun.com/article.php?aid=9052).

socioéconomique avec l'imparfait d'un modèle politique qu'il vaut la peine que les Africains étudient sérieusement, non plus pour en recopier le système, mais pour s'en inspirer en vue de créer leur propre modèle. Au-delà des dichotomies binaires communisme/capitalisme, Est/Ouest ou Nord/Sud, il y a des marges propres que plusieurs nations africaines pourraient se rapproprier pour construire une citoyenneté nationale, car la démocratie à l'occidentale n'est pas un lieu d'exclusive sainteté garantie dans un livre saint universel. Il existe de profondes inégalités sociales dans les plus grandes démocraties du monde, en commençant par les États-Unis d'Amérique, la France, l'Empire britannique ou l'Inde qui, hélas, ne sont pas dépourvus d'injustice. Ainsi, la démocratie à l'occidentale n'est pas une rose transgénique sans épines, car elle ne fait pas de la représentativité des différences un objet idéal, *a priori*. Au contraire, cette forme de démocratie dans plusieurs contextes africains, sert à créer des exclusivités et à renforcer des inégalités tribales. Les pays africains ont urgemment besoin de visionnaires pour sortir l'Afrique de la *mimesis* coloniale sur laquelle les systèmes de gouvernance sont calqués ! L'Occident d'ailleurs, les Africains doivent enfin le comprendre, n'a plus le statut moral du modèle universel de la démocratie. Au nom de la démocratie occidentale, des Palestiniens continuent de mourir tous les jours depuis plus de 60 ans et des générations d'enfants, des innocents qui n'ont pas demandé à naître palestiniens, n'ont pas les possibilités de voir au-delà des murs de la honte qui les confinent dans un territoire sans horizon, sans ouverture sur le monde. Les chiites de l'empire arabe du Bahreïn meurent aussi depuis un moment sans que l'Occident lève le petit doigt, tout comme les Syriens. Dans le même temps, au moment où j'écris ces notes, des milliards de dollars de bombes détruisent la Libye tous les jours depuis quatre mois, au nom des pseudo-principes démocratiques, une démocratie pétrolière déguisée derrière l'appât du gain. L'Occident a perdu son statut moral et, ce n'est pas son modèle démocratique que les Africains devraient suivre, mais plutôt inventer une gouvernance éthique et contextuelle. Si éthiques nous sommes nés, éthiques nous devrions aussi grandir puisque seule cette forme de démocratie permettrait la modernisation et l'évolution des mentalités chez l'homme africain. Pour cela, pour avoir la vision nécessaire, en dernier lieu, l'Éducation devient l'ultime porte de sortie, la condition *sine qua non* de toutes ces conditions de possibilités énoncées à travers les quelques lignes de ce texte. J'écris aussi l'Éducation avec une majuscule pour dire que ce n'est pas parce que l'on est sorti d'une grande école ou d'une université occidentale que l'on est forcément éduqué. Ici, le sens que je donne à l'éducation est bien plus que celui de savoir disserter. Il est plutôt le fondement primaire d'une modernisation intellectuelle sur les plans nationaux et collectifs. C'est en effet par l'éducation qu'une nation vaincra la corruption des mentalités tribales. Sans des êtres véritablement munis d'une éducation forte, une nation ne pourrait survivre. Concrètement, en tant que membre d'une diaspora constructive, la question qu'il faudrait se poser est de savoir ce que, individuellement, chacun pourrait faire pour la Culture et l'éducation de ses concitoyens.

Ainsi, quels que soient nos métiers (plombier, maçon, professeur, assistant social, ingénieur...), on pourrait participer à éduquer nos compatriotes et, se faisant, à élever la perception de leur identité citoyenne. On pourrait instruire nos compatriotes avec nos connaissances respectives. Un maçon pourrait s'associer avec des maçons, pas seulement de son village natal mais de tous les villages de son pays, pour partager de nouvelles pratiques en maçonnerie. La diaspora pourrait aider ses compatriotes à mieux cerner les multiples facettes du charlatanisme et autres pratiques sauvages et de non-droits qui se retrouvent dans tous les coins des métropoles et villages africains. On pourrait leur dire que la rationalité de ces pensées est caduque, car s'il s'agit de devenir riche, le charlatan, le sorcier ou tout autre voyant-pasteur auto-éclairé qui déclare détenir des pouvoirs mystérieux, mourra pauvre lui-même : il n'est qu'un escroc ! Surtout, on pourrait leur dire que le monde est à bâtir, que son existence, sa matérialisation dépend de ce que l'on en fait, de notre travail. Travailler, c'est intellectuel et c'est manuel. Il n'y a pas d'autres issues car les résultats d'un travail ne tombent jamais du ciel, grâce aux prières d'illuminés évangélistes charismatiques qui sèment l'ignorance et la stupidité collective en Afrique noire, comme l'analyse d'Awazi M. Kungua le montre si bien dans son récent livre[122]. La modernisation des mentalités demande de travailler pour participer à son édification car celle-ci ne tombe pas du ciel mais est l'œuvre des hommes. Il faut travailler avec nos mains et notre tête pour construire l'Afrique aujourd'hui. Ce n'est pas en brandissant des slogans à Paris, à Washington ou à Ottawa que l'on fera ce travail. En tant que membre d'une diaspora constructive, on doit travailler pour inculquer l'esprit du travail bien fait dans nos pays respectifs. On doit démontrer, dans nos partages de la connaissance avec nos citoyens, que seul le travail bien fait est garant d'une modernisation collective, d'une production des institutions démocratiques et d'une justice sociale, car tout le monde y gagne, incluant celui qui le réalise. On pourrait démontrer - à la place de faire des gros titres – que c'est ainsi que les pays riches se sont développés, par le travail, le travail bien fait avant tout. On ne servirait mieux un tel parce qu'il est Bété, Douala, Tutsi ou Zandé, mais parce qu'il aime son travail, qu'il le fait bien. Si les membres des diasporas africaines peuvent travailler et aimer leur travail dans des pays développés, comment ne seraient-ils pas capables de transmettre cet esprit à leurs compatriotes ? Éduquer est égal à la formation d'une civilisation citoyenne. Éduquer c'est aussi lutter de manière

[122] Cf. Benoit Awazi Mbambi Kungua. *De la postcolonie à la mondialisation néolibérale. Radioscopie éthique de la crise négro-africaine*. Paris : Éditions l'Harmattan : 2011.

directe contre la corruption systémique devenue presque culturelle en Afrique et au Cameroun en particulier[123]. Ainsi, en inculquant l'idée que tout le monde gagne avec un travail bien fait par exemple, on ne donnera plus un *bakchich* à ce policier qui nous arrête parce qu'il manque un clignotant à notre voiture. On ira plutôt payer une contravention à la caisse de la nation et on fera réparer le clignotant ensuite, donnant ainsi un salaire au mécanicien, qui, ensuite, ira payer ses impôts, etc. Élémentaire vous me direz, mais fondamental à rappeler dans le contexte de plusieurs pays africains. Souvenez-vous du déclic de la « révolution de jasmin » en Tunisie dont, en réalité, le prélude vient du refus d'un jeune vendeur de rue de participer à la corruption d'un policier. Comme le dit si bien le philosophe Eboussi Boulaga dans son discours ironique aux Camerounais en 2009, *«la plupart d'entre nous sont des mécontents. Il ne s'ensuit pas que nous voulions le changement. Il faut dire plus : la plupart ne veulent pas changer. Notre modèle est le chauffeur de taxi qui n'aimerait pas se trouver devant des policiers devenus subitement tous intègres. Il lui faudrait avoir une voiture en bon état continuellement, avoir ses papiers en règle, etc. Tout cela lui paraît plus insupportable que d'avoir à glisser quotidiennement quelques billets de cinq cents francs à ceux qu'il traite de tous les noms »*[124]. Les membres de la diaspora peuvent jouer un rôle primordial pour changer cette mentalité « d'on va faire comment ? » qui habite naturellement tous les Camerounais.

Avec l'éducation, je referme ainsi ma réflexion sur la construction d'une identité citoyenne forte et, j'invite les Africains, particulièrement ceux qui portent des pancartes en terre étrangère, à visiter d'autres pays africains qui s'en sortent. L'Afrique du Sud est un de ceux-là, le Maroc aussi vient de faire un pas vers une autre forme de modernité. Même des pays comme le Nigéria ont fait des pas de géant en créant quelques modèles, quoiqu'encore imparfaits, mais adaptés à leurs contextes sociodémographiques particuliers. Il faudrait tourner les yeux vers ces modèles-là. Par exemple, en Afrique du Sud, la culture nationale est en train de construire une mentalité citoyenne forte au-delà d'une tribalisation politique. Nelson (Rolihlahla) Mandela et

---

[123] Voir le surprenant article paru dans *Cameroun Tribune*, le journal de l'État, qui dénonce la corruption des agents de l'administration publique à travers les propos d'un ministre des Finances en ces termes : « À la vérité, une autre explication pourrait bien compléter celles données par le Ministre des Finances. C'est la corruption qui infeste le Cameroun. Des réseaux de corruption ont pris le contrôle de certaines administrations publiques. Des fournisseurs et prestataires, en véritables rapaces, écument les couloirs et les cabinets des décideurs. Ils jonglent avec les bons de commande et se gavent de lettre-commande, pour des services plus souvent fictifs mais validés et payés.» (http://www.cameroontribune.cm/index.php?option=com_content&view=article&id=62086:paradoxe-camerounais&catid=20:editorial&Itemid=2).

[124] Voir l'article Fabien Eboussi Boulaga, « Gérer la routine », dans Jeuneafrique.comhttp://www.jeuneafrique.com/Articles/Dossier/ARTJAJA2614p020-027.xml2/

Thabo Mbecki, les deux premiers présidents successivement élus, deux Xhosas, ont passé le pouvoir à un Zulu, orphelin, fils de berger, non-intellectuel, mais éduqué, Jacob Zuma. Grâce à l'éducation, grâce à une modernisation des mentalités, grâce à l'édification d'une éthique politique citoyenne, les services publics fonctionnent en Afrique du Sud et la mentalité tribale disparaît petit à petit, laissant la place à une culture citoyenne qui gagne les esprits et aide à produire de nouvelles classes sociales.

De Martin Luther King Jr., nous aurons compris qu'il était indispensable que *les hommes apprennent à vivre ensemble sinon ils allaient se suicider et mourir ensemble*. Cette vérité est tout à fait vraie pour tous les pays africains, avec leurs peuples tribaux, à qui on a toujours dit qu'ils étaient tous beaux et riches, les plus forts et les plus intelligents. Il faut reconstruire cette « culture » citoyenne forte, afin que les Africains apprennent véritablement à vivre ensemble. Il faut développer un sentiment de la nation au-delà du tribalisme.

Vivre ensemble de manière éthique reste le seul salut de l'Afrique de demain.

LA DIASPORA DES GRANDS LACS AFRICAINS, UN POTENTIEL POUR UNE PAIX DURABLE ?

Par monsieur Yves MORNEAU[125] (25 avril 2009)

« L'Homme qui accomplit tous ses devoirs mais n'a pas contribué à la paix c'est comme s'il n'avait rien fait. » (La *Michna* de rabbi Eliezer).
« Joie des conciliateurs, ils seront enfants de Dieu » (Mathieu, 5,9).

Mon travail de recherche a porté sur ***la perception qu'a la diaspora africaine des Grands Lacs de sa contribution potentielle à la réconciliation pour la consolidation de la paix dans sa région d'origine.***

Se pourrait-il que des membres de la diaspora du Burundi, du Congo et du Rwanda, quelles que soient les ethnies, œuvrent ensemble en vue de la paix et de la bonne entente entre eux-mêmes ici au Canada aussi bien que dans leurs pays d'origine ? Pourraient-ils travailler ensemble dans la tolérance, la coopération, pour le bien-être économique, social et politique de ceux-là demeurés au pays, c'est-à-dire pour une paix durable ?

Diaspora tiré d'un mot grec '*diaspeirein*' signifie « dispersion » ou « dissémination de semences ». Jusqu'à tout récemment, ce terme a été utilisé pour celle des Juifs dispersés à travers le monde. La diaspora juive est désignée comme la diaspora classique. Elle est « ethno-nationale-religieuse » et transcende les États.

Aujourd'hui, quelque 4 % des habitants de la planète, soit 250 millions d'individus, vivent le reste de leur vie dans un pays où ils ne sont pas nés, soit le triple d'il y a quarante ans. Trente millions d'Africains vivent hors de leur pays, pour la majorité dans un autre pays africain.

---

[125] Dans une première phase de sa vie professionnelle, Yves Morneau s'est joint à la Société des Missionnaires d'Afrique (Pères Blancs) en 1960. En Zambie, de 1965 à 1980, il a participé à la fondation et a dirigé une école secondaire située dans le milieu rural. Sa connaissance de la langue locale, le Chibemba, lui a permis de faire du travail pastoral et socio-économique auprès des populations rurales de la province du Lwapula en Zambie. Dans une deuxième phase, il a travaillé au sein de l'Agence canadienne de développement international (ACDI) de 1983 à 2004. En plus d'être représentant de l'ACDI, en Tanzanie et au Bénin, tout au long de sa carrière, il a géré des projets au Soudan, en Côte d'Ivoire, au Nigéria, au Togo et à Madagascar. Détenteur d'un Baccalauréat en philosophie (1960) et théologie (1965), Y. Morneau obtient une Maîtrise en Sciences missionnaires (1981), une Maîtrise en administration (MBA, 1986) et une Maîtrise en Études de conflits (2008). Depuis sa retraite, Y. Morneau travaille à titre de bénévole avec différentes organisations non-gouvernementales (ONG). Il est présentement membre du Conseil d'administration de l'Institut canadien pour la résolution des conflits (ICRC). En novembre 2010, il a été agréé comme l'un des premiers professionnels de la paix par le Service civil pour la paix Canada (SCPC).

Selon Statistique Canada (2001), il y a environ 300 000 Canadiens d'origine africaine au Canada.[126]

Des nombreuses expériences vécues depuis qu'ils ont quitté leurs pays, pourraient-elles en faire des médiateurs ou conciliateurs privilégiés auprès de groupes en conflit qui vivent au Rwanda, au Burundi et en République démocratique du Congo (RDC), trois pays blessés par de longues guerres civiles et en recherche de paix. Comment une telle équipe pourrait-elle acquérir **l'autorité morale ou le pouvoir politique** pour agir en tant que médiateur ou conciliateur ?

Ces trois pays ont beaucoup en commun. Ils ont tous les trois été colonisés par la Belgique. Ils ont en commun la langue française et ils vivent encore ou ont vécu des conflits très sévères qui ont marqué profondément l'identité aussi bien de ceux qui sont demeurés au pays que des membres des diasporas. **L'histoire de ces trois pays** est un enchevêtrement d'événements malheureux qui ont eu et qui continuent d'avoir des impacts dans chacun de ces pays.

La page couverture de la revue « AGIR », décembre 2007, d'Amnistie internationale, présente une image provocante : à travers la fenêtre d'une maison canadienne, on aperçoit une petite fille dans un camp de réfugiés. Au bas de la page, il est écrit : « *On habite tous la même planète* ». En plus d'être tous concernés, la diaspora est-elle prête à avoir une fenêtre ouverte sur le véritable conflit qui persiste dans la région des Grands Lacs et à se laisser interpeller par ceux qui sont demeurés au pays en facilitant la réconciliation et en faisant en sorte que l'histoire passée ne se répète plus ?

La problématique qui m'a motivé à entreprendre cette recherche est ma prise de conscience d'une situation catastrophique dans la région des Grands Lacs, où les droits de la personne sont bafoués depuis des temps anciens et où les pires **violences de masse**[127] permettent à certains acteurs politiques, **des élites en recherche de pouvoir,** d'imposer un système hégémonique un peu partout dans la région des Grands Lacs sans qu'il y ait espoir d'une solution permanente pour le bien-être des populations. La « violence de masse » est un terme générique qui se rapporte à un phénomène humain de destruction collective pour des raisons politiques, sociales, religieuses et culturelles, incluant les génocides, les viols collectifs de femmes et les déportations, les tortures et les exécutions de grands nombres de personnes.[128]

La réconciliation à l'intérieur de chacun des trois pays et entre les pays eux-mêmes est-elle possible ? Toute instabilité qui s'installe dans un pays affecte également les autres pays de la région. Qui pourrait avoir le

---

[126] Source: Statistique Canada, recensement 2001.

[127] Voir l'encyclopédie en ligne de Jacques Sémilin: http://www.massviolence.org.

[128] http:www.massviolence.org/IMG/pdsf/Our_Project.pdf:4.

courage nécessaire et les connaissances requises pour intervenir et faire en sorte qu'il y ait réconciliation entre les différents belligérants ? Serait-ce là un défi à relever par la diaspora des Grands Lacs ? Qui est prêt à dire « Oui! Nous le pouvons », Voilà la problématique à laquelle ce travail de recherche a tenté de s'adresser.

À travers des recherches qui portaient sur les relations que maintiennent différentes diasporas avec leur pays d'accueil et leur pays d'origine, en me servant d'une théorie élaborée par Shain et Barth,[129] j'ai identifié certains facteurs pouvant permettre à une diaspora de jouer un rôle positif par rapport à son pays d'origine, ***il faut deux prérequis*** : *un pays d'accueil gouverné par un système démocratique et une motivation basée sur l'identité.*

La variable dépendante est *l'influence que pourrait avoir la diaspora sur la réconciliation pour la consolidation de la paix à l'intérieur du pays d'origine et dans la région.* De plus, cinq variables indépendantes sont : 1) *La cohésion au sein de la diaspora; 2) Un développement suffisant d'institutions démocratiques au sein du pays; 3) La perception positive de la population du pays par rapport à la diaspora,* j'en ajoute deux autres, trouvées dans la littérature comme étant essentielles soit : *4) La compréhension des causes profondes du conflit; et 5) Les habiletés de la diaspora en médiation et en facilitation.* J'ai cherché à savoir si la diaspora voyait un lien causal entre ces cinq facteurs et sa capacité à contribuer ou à ne pas contribuer à la paix et à la réconciliation dans son pays d'origine?

À travers l'interview de différents membres de la diaspora des Grands Lacs, une série de questions m'a permis de connaître leur perception par rapport à ces cinq facteurs comme pouvant contribuer à leur fournir cette autorité morale et ce pouvoir politique pour jouer un rôle au niveau de la réconciliation pour la consolidation de la paix.

1. LES FACTEURS INTERNES INFLUENÇANT LES DIASPORAS DANS LEURS ACTIVITÉS ENVERS LEURS PAYS D'ORIGINE

Les facteurs internes qui influencent les diasporas dans leurs activités envers leurs pays d'origine sont ceux qui sont reliés directement à la diaspora et sur lesquels la diaspora peut exercer une certaine influence. Il existe un prérequis : *une motivation basée sur l'identité.* Ensuite, trois facteurs internes pourraient contribuer à fournir à la diaspora le pouvoir politique et l'autorité morale nécessaire pour faciliter la réconciliation : *la cohésion au sein de la diaspora; la compréhension des causes profondes du conflit; des outils d'intervention comme la médiation et la facilitation.* Comme pour chacune des parties de cette étude, je débuterai par une revue

---

[129] Shain Yossi and Barth Aharon, *Diaspora and Internationl Relation Theory,* International Organization 57, Summer 2003, p.464.

de littérature, puis je traiterai de la perception qu'a la diaspora des Grands Lacs de ces facteurs.

a. Prérequis : une motivation basée sur l'identité

Selon le Petit Robert, le mot identité, vient du mot latin *idem* et signifie : *le même.* Toujours selon ce dictionnaire, l'identité culturelle, celle dont nous parlons signifie : « ensemble de traits culturels propres à un groupe ethnique qui lui confèrent son individualité : sentiment d'appartenance d'un individu à ce groupe ».

À travers les déplacements, les expériences vécues dans différents pays, incluant le pays d'origine, l'apprentissage d'autres langues, cultures et modes de vie économique, sociale et politique, les membres de la diaspora acquièrent de nouvelles identités qu'on peut qualifier « d'hybrides ». Leurs identités sont influencées par un ensemble de facteurs tels que la culture dominante d'un pays d'accueil, les conditions économiques difficiles ou même les intérêts des individus à un moment donné ; ce qui peut parfois mener davantage à l'assimilation qu'à l'intégration.[130] Il est important de comprendre ce qui caractérise l'identité de chacun des groupes d'une diaspora. Certaines personnes définissent leur identité par leur fort attachement envers leur pays d'origine, défini en termes de territoire. Ils expriment une forte solidarité avec une communauté habitant un territoire particulier. Dans un tel cas, leur position par rapport au conflit peut être sans équivoque, ne laissant aucune place à un compromis. Le conflit les préoccupe davantage et va les mener à appuyer ceux qui y sont engagés, rendant la résolution du conflit plus difficile.

Conflict-generated diaspora décrit des personnes affectées par un conflit qui cause de sérieux traumatismes psychologiques. Il est possible qu'une telle diaspora continue d'être impliquée dans le conflit de différentes manières. Cette dernière peut être moins intéressée à accepter des compromis et à se réconcilier, et peut même contribuer à exacerber le conflit[131]. La situation actuelle peut être imaginée comme temporaire, injuste, non voulue et accidentelle, et conservée vivante dans une mémoire permanente comme pour les Palestiniens dans les camps de réfugiés. Il est difficile de parler de réconciliation là où il y a peu d'espoir de revenir à une situation idéalisée, celle qui prévalait autrefois avant que le conflit n'éclate.[132] Avec une vision romantique et simplifiée du pays d'origine, les

---

[130] Lyons, T (2004), *Engaging Diasporas to Promote Conflict Resolution: Transforming Hawks into Dove.* Working Paper presented at the Institute for Global Conflict and Cooperation, Washington Policy Seminar, p. 6-8.

[131] *Ibid.*

[132] Bamyeh, Mohammed, The Palestinian Diaspora, in *Diasporas in Conflict, Peace-Makers or Peace-Wreckers?* Edited by Hazel-Smith and Paul Stares, United Nations University Press, 2007, p.93.

torts des uns et les mérites des autres demeurent figés.[133] Dans certains cas, la paix peut constituer une menace pour la diaspora lorsqu'elle s'identifie principalement avec le conflit.[134]

Plusieurs auteurs soulignent que les activités politiques entreprises par une diaspora sont très souvent reliées aux problèmes identitaires qu'il faut essayer de comprendre.[135] Il est important de bien saisir l'histoire de chacun des groupes de la diaspora, puisque chacun peut avoir des idéaux et des intérêts différents selon sa propre identité.[136] On peut se renseigner sur la façon dont une diaspora exprime son origine particulière dans la vie de tous les jours : par le manger et le boire, la musique et les contacts sociaux ; par les événements religieux et politiques célébrés en commun ; par des contributions en argent et en temps à des institutions communes ; par le maintien de leur langue nationale et dans certains cas par l'endogamie.[137] Mon appartenance à la paroisse Sainte-Famille me permet d'être en contact avec les communautés en provenance de l'Amérique latine. C'est l'endroit idéal pour observer l'évolution des identités au sein des diasporas et des générations. Si d'une part chaque pays célèbre ses propres fêtes religieuses et nationales, il semble y avoir une 'supra identité latino-américaine' qui est en train de se forger. Je remarque que les désastres naturels constituent pour les diasporas latino américaines une motivation à œuvrer ensemble quelque soit le pays affecté. Il existe un niveau d'entraide qui dépasse les divisions nationales.

La diaspora colombienne est marquée par de profondes divisions. La classe sociale, l'origine régionale, l'éducation, l'idéologie, l'ethnicité, le genre et beaucoup d'autres facteurs qui existent à l'intérieur du pays affectent l'identité même de chaque individu. Ces facteurs sont parfois amplifiés lors de l'émigration. C'est ce qui a empêché la formation d'une identité commune dans la diaspora colombienne et qui explique la non-implication de cette diaspora dans la résolution du conflit colombien. Les gens créent de petites organisations qui n'ont rien en commun. On veut simplement oublier les difficultés qu'on a vécues en Colombie. Pourrait-il y avoir des changements au sein de cette diaspora et la création de nouvelles

---

[133] Lyons, T (2004), *Engaging Diasporas to Promote Conflict Resolution: Transforming Hawks into Dove.* Working Paper presented at the Institute for Global Conflict and Cooperation, Washington Policy Seminar, p. 9.

[134] Shain, Yossi, The role of Diasporas in Conflict Perpetuation or Resolution, SAIS Review, 22,2 (2002) 115-144, John Hopkins University Press, p.119.

[135] Goff, 2004 et Shain, 2000.

[136] Tololyan, Khaching, The Armenian Diaspora and the Karabagh Conflict since 1988, in *Diasporas in Conflict, Peace-Makers or Peace-Wreckers?* Edited by Hazel-Smith and Paul Stares, United Nations University Press, 2007, p.109.

[137] Ibid.

alliances de sorte que celles-ci puissent contribuer à faire évoluer les relations sociales en Colombie vers une plus grande équité ?[138]

Il existe des diasporas qui jouent sur l'identité politique en participant à la politique d'un pays imaginaire sans vouloir payer le prix des actions qu'ils supportent devenant ainsi la proie facile de « Shrewd Political Manipulators ».[139] Il est aisé d'utiliser une rhétorique et des slogans nationalistes afin d'exacerber le caractère ethnique d'un groupe particulier.[140]

Il faut alors chercher à savoir à quoi la diaspora s'identifie. Elle peut ressentir le sentiment qu'elle partage la même 'destinée historique', la même expérience de l'exil et de la persécution. Bannie du pays d'origine, la diaspora peut être animée d'un fort désir d'y retourner. Ce sont tous ces facteurs historiques qui contribuent à façonner l'identité particulière d'un groupe et les amènent à se mobiliser soit pour la guerre ou soit pour la paix.

L'impact du désir de retour au pays d'origine est très lié à l'identité. La diaspora pourrait être conduite à travailler en faveur de la réconciliation dans son pays d'origine en vue de permettre à ceux qui le souhaitent de retourner dans leur pays et d'y vivre en sécurité. Le désir de retour peut constituer une forte motivation en faveur de la réconciliation nationale.[141] Un auteur souligne que le désir nostalgique lié au retour au pays constitue un de plus pénétrants sujets au sein de la diaspora.[142] J'ai été moi-même étonné lors d'une rencontre avec un ami haïtien qui, en me faisant visiter sa maison, m'a montré des objets qu'il mettait de côté pour les apporter en Haïti lorsqu'il retournera y vivre. Il rêve de ce moment. C'est ce qui le mobilise à contribuer financièrement non seulement au bien-être de sa famille, mais également à des projets de développement pour des villages plus pauvres. Il est conscient que seule une meilleure répartition de la richesse pourrait assurer l'enracinement de la démocratie en Haïti et contribuer à la réconciliation nationale. Voilà la lentille à travers laquelle il entrevoit son avenir et celle de son pays, et ce qui le motive à agir.

Skrbis souligne qu'il faut faire en sorte que la diaspora s'unisse en dehors des particularismes pour établir un front commun en vue de créer un état de droit. Il se demande si au contact du pays d'accueil, surtout si celui-ci a une forte culture démocratique et pratique le multiculturalisme, la diaspora

---

[138] Bouvier, M. Virginia, A Reluctant Diaspora : the Case of Colombia, p.129-152, in *Diasporas in Conflict, Peace-Makers or Peace-Wreckers?*, Edited by Hazel-Smith and Paul Stares, United Nations University Press, p.145.

[139] Anderson, Benedict, *Long-Distance Nationalism: World Capitalism and the Rise of Identity Politics*. The western Lecture, Amsterdam: Centre for south Asian Studies, University of Amsterdam, 1992, p.14.

[140] Skrbis, Zlatko, The Mobilized Croatian diaspora: Its Role in Homeland Politics and War, in *Diasporas in Conflict, Peace-Makers or Peace-Wreckers ?* Edited by Hazel-Smith and Paul Stares, United Nations University Press, 2007, p. 226.

[141] *Ibid.*, p. 230.

[142] *Ibid.*

pourrait faire évoluer sa vision de l'histoire, de son identité afin de promouvoir un plus grand idéal démocratique pour son pays d'origine et établir des liens solides avec les élites locales en faveur de la démocratie. Selon la théorie du constructivisme,[143] cela signifie qu'au contact du pays hôte, la diaspora a acquis une nouvelle identité, ce qui lui permet d'agir comme un pont, comme médiateur entre le pays hôte et le pays d'origine, de promouvoir des valeurs de tolérance, de pluralisme culturel, religieux et politique et de démocratie aussi bien que d'esprit d'entreprise avec de nouvelles habiletés et technologies, toutes choses qui manquent dans le pays d'origine.[144] Serait-il possible en écoutant la diaspora, de l'aider à découvrir de nouvelles façons de faire, à s'intégrer dans leur propre histoire, à la lumière d'un nouveau narratif basé sur leur expérience dans le pays d'accueil ? Pourrait-elle vouloir une meilleure forme de gouvernance pour son pays et sa société et œuvrer dans cette perspective ?[145] C'est ce que je voulais savoir en posant cette question : « Comment vous identifiez-vous par rapport au Canada et par rapport à l'Afrique ? »

Quelle est donc la *perception* des personnes interviewées par rapport à ce prérequis qu'est « *une motivation basée sur l'identité* » ? Les membres de la diaspora appartiennent à deux mondes, deux systèmes de pensée, l'un interne à leur pays d'origine et l'autre externe à leur pays d'accueil.[146] (À partir de maintenant, les textes en italique se rapportent aux commentaires des membres des diasporas des Grands Lacs que j'ai interviewés.) C*omme citoyens du monde se sentant solidaires de l'humanité ou comme Canadiens originaires d'un pays de la région des Grands Lacs-. -Le Canada leur a instillé la tolérance et la valeur de la démocratie-. -De leurs racines africaines, ils puisent la simplicité dans les relations, la générosité et l'hospitalité- Ils sont cependant fiers de leurs racines africaines et fiers d'appartenir à une ethnie et à un pays qui leur a procuré leur éducation et leur culture-. -Ils sont fiers de cette double identité qui constitue une richesse qu'ils désirent partager avec leurs enfants et leur nouvel environnement-. -Ils désirent transmettre ces nouvelles valeurs à leur pays d'origine-. -Même si la guerre les a « forcés » à trouver refuge au Canada, ils reconnaissent qu'ils y ont beaucoup gagné et ont été positivement transformés par l'expérience-. -Émigrer c'est comme naître à l'âge adulte-. -Ils veulent approfondir davantage leurs racines canadiennes et désirent que leurs enfants en fassent autant-. -Le Canada leur a donné des valeurs comme*

[143] Shain Yossi and Barth Aharon, *Diaspora and Internationl Relation Theory,* International Organization 57, summer 2003, p.: 451.
[144] Naim, Moises 2002, *The New Diaspora*, *Foreign Policy* 131 : 95-96.
[145] Skrbis, Zlatko, The Mobilized Croatian diaspora: Its Role in Homeland Politics and War, in : *Diasporas in Conflict, Peace-Makers or Peace-Wreckers?* Edited by Hazel-Smith and Paul Stares, United Nations University Press, 2007, p.226.
[146] Shain Yossi and Barth Aharon, *Diaspora and Internationl Relation Theory, International Organization* 57, summer 2003, p. 457.

la tolérance, la liberté d'expression, un système judiciaire équitable et la démocratie-. -Un pays où des portes sont ouvertes à ceux qui veulent travailler-. -À cause de ces nouvelles valeurs dont leur identité s'est enrichie, ils ont le goût d'aider leur pays d'origine-. -Certains sont prêts à aller travailler à l'émergence d'une nouvelle société et à favoriser la réconciliation pour la consolidation de la paix-. -Ils aimeraient tant que leur pays véhicule des valeurs semblables-. -Ils sont conscients que cette nouvelle identité leur procure des droits mais aussi des devoirs envers leur pays d'origine et envers le Canada-.

b. La cohésion au sein de la diaspora

Cette cohésion peut se manifester de multiples façons. Ainsi, Sheffer qui a bien étudié la diaspora juive nord-américaine et son implication envers Israël souligne l'importance d'avoir un leadership fort, dédié à la cause et bien organisé, capable de mobiliser les ressources humaines, financières et politiques afin d'intervenir auprès des leaders politiques tant dans le pays d'accueil que dans le pays d'origine. [147] Ce leadership, cependant, ne s'exprime pas toujours en vue d'une solution négociée. Dans le cas de la diaspora cubaine aux États-Unis, sa forte cohésion et son fort leadership laisse très peu de place au dialogue et à l'esprit de compromis. Son but est de reprendre le pouvoir, une fois que Castro aura définitivement quitté la scène politique.[148] Cette diaspora s'est même permis de réécrire l'histoire de Cuba, ce qui ne facilitera pas un compromis avec la population qui est demeurée à Cuba.

Le nombre de membres d'une diaspora dans un pays peut également affecter sa cohésion. Selon Collier,[149] Mohamoud,[150] et Lyons [151], plus la diaspora est nombreuse et bien mobilisée dans un pays hôte, plus il y a de chance que le conflit dans le pays d'origine se prolonge et que ces derniers soient impliqués directement ou indirectement dans ce conflit.

Le degré d'organisation et de structuration de la diaspora contribue à sa cohésion. Suite à l'invasion de l'Irak par les États-Unis, en 2003, la

---

[147] Sheffer, Gabriel, The Jewish Diaspora and the Arab Palestinien-Israeli Conflict in *Diasporas in Conflict, Peace-Makers or Peace-Wreckers?* Edited by Hazel-Smith and Paul Stares, United Nations University Press, 2007, p 68.

[148] Grugel Jean & Kippen Henry, The Cuban Diaspora, in *Diasporas in Conflict, Peace-Makers or Peace-Wreckers?* Edited by Hazel-Smith and Paul Stares, United Nations University Press, 2007, p.156.

[149] Collier Paul and Hoeffler Anke, *Greed and Grievance in Civil War*, October 21st, 2001, Policy Working Paper, (Washington, World Bank).

[150] Mohamoud, Abdullah, *Africain Diaspora and Post-Conflict Reconstruction in Africa*, February 2006, Danish Institute for International Studies.

[151] Lyons, T (2004), *Engaging Diasporas to Promote Conflict Resolution: Transforming Hawks into Dove.* Working Paper presented at the Institute for Global Conflict and Cooperation, Washington Policy Seminar, p.6.

diaspora kurde y a vu une *fenêtre d'opportunité. C'est une situation particulière* au niveau mondial, au niveau du pays d'accueil ou au niveau du pays d'origine qui donnerait à la diaspora une autorité morale, un pouvoir politique qui lui permettrait d'intervenir. Les Kurdes se sont organisés pour influencer la politique des États-Unis ainsi que du gouvernement irakien afin qu'un modèle fédéral soit adopté pour l'ensemble de l'Irak ; ce qui a contribué à donner plus d'autonomie au Kurdistan irakien. Pour que ceci se produise, il fallait que la diaspora kurde agisse au bon moment, au bon endroit et *d'une façon coordonnée.*[152] De l'expérience kurde en Irak, Natali conclut que l'influence de la diaspora dépend de cadres professionnels, bien éduqués, dans le pays d'accueil aussi bien que dans le pays d'origine. À l'unisson, les membres de la diaspora agissent comme groupes de pression auprès des gouvernements étrangers, des institutions financières et des grands médias internationaux. De telles actions requièrent de la part des leaders de la diaspora d'être non-partisans et de maintenir une vision réaliste des contraintes géographiques, politiques et économiques que vivent les élites locales dans différentes régions du pays d'origine. Enfin, il est essentiel qu'il y ait des communications formelles, un constant dialogue et des politiques cohérentes et claires qui sont la marque des relations entre ceux qui sont dans le pays d'origine et les principaux leaders de la diaspora. Il faut donc un leadership qui possède une vision réaliste cherchant à unir les deux entités dans une action concertée.[153]

Au cours des entrevues j'ai demandé : « Quelle importance la diaspora des Grands Lacs donne-t-elle à la cohésion et qu'elle en est sa compréhension ? » *-La majorité des personnes interviewées sont des personnes éduquées qui appartiennent à une ou plusieurs associations ou regroupements de membres de la diaspora-. -Ce sont des groupements autonomes qui ont plus ou moins de liens entre eux et selon leur cycle de vie et leur dynamisme, ils ont plus ou moins d'envergure-. -Même si les règlements internes font que ces associations sont ouvertes à tous, en pratique, il arrive que les membres soient d'une seule ethnie-. -Leurs missions sont diverses : quelques-unes visent à préserver l'identité et la culture africaine pour les membres et pour leur progéniture ; d'autres cherchent à appuyer, du point de vue moral et matériel, les personnes qui ont été traumatisées et de faire en sorte que les événements qui sont à l'origine des traumatismes ne soient pas oubliés et banalisés et qu'ils ne se reproduisent plus-. -Enfin, en plus de fournir une aide matérielle à ceux qui sont restés au pays, comme des orphelins ou des veuves, elles servent à*

---

[152] Natali Denise, Kurdish Intervention in the Iraq War, in *Diasporas in Conflict, Peace-Makers or Peace-Wreckers?* Edited by Hazel-Smith and Paul Stares, United Nations University Press, 2007, p. 213.

[153] Natali Denise, Kurdish Intervention in the Iraq War, in *Diasporas in Conflict, Peace-Makers or Peace-Wreckers?* Edited by Hazel-Smith and Paul Stares, United Nations University Press, 2007, p. 213.

guider les nouveaux arrivants dans leur intégration au Canada, à réduire le stress de l'immigration, à briser l'isolement et à échanger des informations sur la vie au Canada et sur ce qui se passe dans le pays d'origine-. -Les temps forts se réalisent au moment de la commémoration des événements tragiques ou des fêtes nationales de chacun des pays de la région-. -Le leadership au sein de ces associations n'est pas toujours aisé à assumer-. -La priorité de ces organisations est d'assurer la survie et l'intégration des membres de la communauté-. -Un obstacle à la cohésion est la grande distance qui existe entre les différents membres de la diaspora-. -Comment réunir des gens qui habitent quelque part entre Québec et Vancouver?-

Il est important d'étudier **la place de la femme** dans la diaspora et son rôle dans le **processus de cohésion** en vue de résolution des conflits. Les relations et les activités au sein de la diaspora sont différentes pour les femmes et les hommes. Une guerre civile est un conflit violent et sauvage. Elle affecte différemment les femmes, les hommes et les enfants, car ils ont chacun une position différente dans la société avant, pendant et après le conflit. Cette différence se manifeste également lorsque les hommes et les femmes doivent s'échapper d'un pays en guerre, vivre en exil et réorganiser la vie de la famille dans un nouvel environnement. Malheureusement, tout ce qui est écrit sur la diaspora tient peu ou pas compte des problèmes de genres.[154]

Si on présume que les hommes et les femmes ont vécu le conflit différemment, en sera-t-il de même pour ce qui a trait à leur contribution au processus de réconciliation et de consolidation de la paix? Quel impact cela aura-t-il sur l'autorité morale et l'autorité politique de la diaspora si celle-ci décide de s'impliquer dans un processus de réconciliation sans les femmes? Pourrait-il y avoir un véritable processus de réconciliation sans elles? Est-ce que les femmes peuvent en être exclues, elles qui ont souffert davantage du conflit et ont porté, tout au long du chemin vers l'exil, un plus lourd fardeau?[155] Peut-il y avoir de la cohésion au sein de la diaspora si elle ne tient pas compte du genre ? Ce sont les femmes qui ont la fonction de reproduction de l'ethnie, qui transmettent les valeurs culturelles et la langue, qui, très souvent assument les responsabilités économiques. Le fait de laisser la sphère privée aux femmes et la sphère publique aux hommes constitue-t-il une façon adéquate d'impliquer la diaspora dans un processus de réconciliation ? Lesquels des deux, hommes ou femmes sont les mieux habiles pour *construire des ponts* entre les différents groupes opposés ? L'autorité morale et la force politique de la diaspora ainsi que sa cohésion se trouvent-elles renforcées du fait qu'il existe une plus grande intégration des

---

[154] Al-Ali, Nadje S. Gender, « Diasporas and post-Cold War conflict, in *Diasporas in Conflict, Peace-Makers or Peace-Wreckers?* », Edited by Hazel-Smith and Paul Stares, United Nations University Press, 2007, p.39.
[155] *Ibid.*, p.53.

genres ? Cette intégration pourrait-elle constituer la clé du succès et donner plus de poids à la diaspora dans son implication pour la résolution des conflits ? Ou peut-elle constituer un obstacle, surtout s'il existe une énorme différence sur le concept de pouvoir patriarcal entre la diaspora, qui, évoluant ailleurs sur un autre continent, est de ce fait, influencée par les idées modernes du pays d'accueil et les habitants du pays d'origine qui continuent leur attachement aux valeurs anciennes[156] ?

J'avais planifié au début d'interviewer autant d'hommes que de femmes. Quand j'ai suggéré à un mari d'interviewer son épouse, la réponse a été qu'-*elle était trop occupée*-. Est-ce pour me confirmer que tout au long du chemin de l'exil, elle porta un plus lourd fardeau ?

Un grand potentiel existe dans la diaspora pour faire évoluer les concepts traditionnels reliés au genre et ainsi donner aux femmes une plus grande place dans la sphère politique.[157] Il est cependant à noter, que dans la diaspora, les femmes vont trouver des façons de travailler pour la paix et la réconciliation par l'intermédiaire de petits projets à la base.

Sans la généreuse contribution des femmes de la diaspora qui ont accepté de participer à l'interview, les résultats de ma recherche n'auraient été que partiels et incomplets. *-À travers elles, j'ai pris conscience que les femmes sont rassembleuses et qu'elles cherchent à briser l'isolement et à amener tout le monde ensemble-. -Elles ont initié des projets en jumelant des institutions canadiennes d'enseignement avec des institutions dans leur pays d'origine-. -Elles témoignent du fait qu'elles constituent la pierre angulaire pour régler les problèmes qui touchent à tout le monde-. -Dans le passé, dans les sociétés africaines traditionnelles, elles étaient la voix de la sagesse-. -Ce sont elles qui tempèrent les hommes qui peuvent parfois être violents-. -La femme, comme éducatrice d'enfants, utilise moins sa colère-. -Elles ont eu un rôle à jouer dans l'introduction des gacaca (cours traditionnelles) au Rwanda et y constituent 80% des membres des comités-.*

Le fait que des femmes avaient été fortement traumatisées par la guerre peut en certains cas ne pas les rendre disponibles et prêtes à intervenir dans la résolution des conflits dans leur pays d'origine. Leur priorité est avant tout de recommencer une nouvelle vie dans le pays d'accueil et d'oublier les souffrances du passé.[158] Dans d'autres cas, ce sont les femmes qui ont le plus de ressources physiques, psychologiques et morales et qui sont capables de se réassumer et de regagner leur identité perdue. L'exil dans une terre étrangère leur en confère la possibilité. Elles ont souvent plus de ressources psychologiques que les hommes, d'où la nécessité de s'assurer

---

[156] Al-Ali, Nadje S. Gender, « Diasporas and post-Cold War conflict », in *Diasporas in Conflict, Peace-Makers or Peace-Wreckers?* Edited by Hazel-Smith and Paul Stares, United Nations University Press, 2007, p.53.
[157] *Ibid.*
[158] *Ibid.*, p. 55.

qu'elles ont une place importante dans tout groupe qui voudrait s'impliquer dans un processus de réconciliation. Faudrait-il, par l'intermédiaire d'ONG, favoriser des groupements exclusivement féminins qui se sentiraient davantage solidaires comme mères et femmes, et qui bénéficieraient ainsi davantage de sécurité dans un environnement non hiérarchique[159] ?

Au Libéria, on a souligné le rôle important joué par des femmes de la diaspora en créant « *The Concerned Liberian Women* » ; ce qui a favorisé une étroite collaboration entre différents groupes de la Diaspora du Libéria. Elles se sont elles-mêmes impliquées directement avec les femmes et les enfants soldats au Libéria.[160] Les femmes somaliennes de la diaspora ont aussi créé des ponts entre les différents clans hostiles. En supportant leurs efforts, il a été possible de favoriser la compréhension.[161]

-Des femmes de la région des Grands Lacs, des veuves, sont allées en mission de paix en RDC, en Côte d'ivoire et au Darfur. Elles y sont allées pour enseigner aux femmes comment se défendre contre les milices en faisant en sorte que les bébés ne pleurent pas lorsque les milices sont à leur recherche pour les violer, comment faire des repas pour plusieurs jours et, comment les transporter sur elles sans éveiller les soupçons des milices rebelles et comment enseigner aux enfants et aux hommes à ne pas participer aux tueries-.

Depuis que j'ai terminé mes recherches, j'ai contribué en collaboration avec le Professeur Augustin Ramazani, à la création d'un nouveau programme AFISI (*l'Association des Familles immigrantes contre l'isolement*) au sein de la Fraternité Mondiale pour le Développement en sigle FMD et qui s'est donné comme pari de travailler pour une intégration effective des Afro-Canadiens au sein de la Capitale fédérale. Ce programme est constitué de femmes du Rwanda, de la RDC, du Bénin, de la Côte d'Ivoire et du Maroc.

Le degré d'intégration politique, social et économique dans le pays d'accueil semble contribuer à une plus grande cohésion entre les membres de la diaspora. Le cas de l'Érythrée démontre qu'un emploi stable, une certaine épargne, l'intégration politique et un statut légal stable dans le pays d'accueil font que la diaspora est beaucoup mieux disposée à intervenir auprès du pays d'origine et à y participer, ce qui semble avoir été le cas depuis l'indépendance de l'Érythrée en 1991.[162]

- La plupart des personnes interviewées démontrent un degré d'intégration dans la société canadienne ; ce qui leur donne un niveau de

---

159 *Ibid*, p. 58.

160 African Diaspora Policy Centre, Dec. 2006, p. 4.

161 Ali, M. Taisier et Matthews, O Robert, (ed.), *Durable Peace, Challenges for Peace Building in Africa,* University of Toronto Press, 2004, p. 249.

162 Koser Khalid, « African Diaspora and reconstruction : an Eritrean case study », in *Diasporas in Conflict, Peace-Makers or Peace-Wreckers?* Edited by Hazel-Smith and Paul Stares, United Nations University Press, 2007, p. 249.

confiance et d'indépendance nécessaire pour s'impliquer avec d'autres dans un véritable processus de réconciliation-. -Néanmoins, eux-mêmes notent qu'il n'en est pas de même pour tous les membres des diasporas qui sont à un niveau de survie qui accapare toutes leurs énergies-. -Plusieurs sont encore trop blessés pour agir et préfèrent demeurer dans l'anonymat-.

Les liens entre la population canadienne et la diaspora contribuent également à la cohésion de la diaspora. En travaillant avec des ONG composées de membres de la diaspora appuyées par des Canadiens de souche, j'ai observé une dynamique intéressante quand les connaissances du pays en développement de la part de la diaspora s'alliaient avec l'expérience en gestion des Canadiens de souche. Je connais plusieurs ONG au sein desquelles les membres de la diaspora ont créé des partenariats efficaces avec des Canadiens qui ont de bonnes connaissances de l'Afrique et qui ont à cœur son développement durable. Un appui de la société civile canadienne contribuerait-elle à renforcer la cohésion, ainsi que l'autorité morale et politique de la diaspora?

Le travail de collaboration entre membres de différentes diasporas africaines est également important à noter comme moyen de créer une plus grande cohésion. Lors de « African Diaspora Community Forum », tenu à Ottawa, le 25 avril 2005, les participants ont exprimé le désir de former un front commun afin de constituer une ressource importante pour travailler avec les autorités politiques du pays d'accueil et pour formuler des politiques pour les relations extérieures avec les pays africains pour le développement de l'Afrique. Ensemble ils pourraient jouer un rôle dans la prévention des conflits et leur résolution, en collaboration avec le pays d'accueil[163].

-Les interviews ont révélé que des membres de la diaspora tentent de réunir différents groupes de la diaspora-. La Fraternité mondiale pour le développement existe pour le développement d'abord mais également pour la réconciliation de toutes les ethnies dans une aire de paix-. -Il y a également des clubs de soccer ayant pour mission la solidarité et la connaissance mutuelle à travers des activités sportives-. -Enfin, le « Rwanda House » a comme objectif d'amener ensemble la communauté pour des activités socio-économiques-. -Une certaine coalition a permis de briser l'isolement et d'amener des gens de différentes ethnies ensemble-. -Les ambassades des trois pays de la région favorisent la rencontre des différentes ethnies d'un même pays à certains moments de l'année-

-L'interview a démontré que grâce à des groupes sportifs, des membres de la diaspora des Grands Lacs se sont donné des modes de bonne gouvernance, avec des lignes directrices claires et un rôle pour chacun avec des mécanismes de résolution des conflits où ils vérifient si chacun est satisfait des décisions-. -Ils se sont constitués en mini-sociétés où chacun doit rendre compte de sa gestion de façon transparente-. -Dans d'autres cas,

[163] *African Diaspora Community Forum*, April 2005, p. 15.

il y a eu des essais de regroupement de membres de la diaspora qui donnent d'assez bons résultats-.

-Dans d'autres cas, les gens ont été déçus-. -Ils avaient l'impression qu'on se servait d'eux pour des intérêts particuliers d'où une certaine méfiance qui nuit à la cohésion-. -Des gens se méfient quand toutes les cartes ne sont pas mises sur la table et qu'ils ont peur que cela puisse leur causer des préjudices-. -Ils ont peur d'être manipulés-. -Peut-être que les blessures sont encore trop fraîches et que c'est trop tôt pour des rapprochements-. -Il y a des gens qui se réconcilient entre eux, mais au plan communautaire, il y a encore de l'animosité-. C'est pourquoi ils suggèrent de commencer le processus de réconciliation avec un petit noyau, sans forcer les gens, mais en espérant l'agrandir progressivement en y incluant un plus grand nombre-.

c. Une compréhension des causes profondes du conflit

Il revient à la diaspora de bien comprendre les racines profondes du conflit d'une région à peine sortie de guerres civiles où les forces antagonistes sont des acteurs nationaux, régionaux et internationaux. Connaître les principaux problèmes historiques à la racine des conflits comme la colonisation, les rivalités tribales ou ethniques, la lutte pour les ressources naturelles et la mauvaise gouvernance, est essentiel. Il faut connaître également la façon dont la guerre s'est terminée, soit par des accords négociés ou par la victoire d'une armée. Enfin, il faut se familiariser avec les mécanismes les plus appropriés pour la répartition équitable des ressources naturelles et la bonne mise en œuvre d'un gouvernement soit centralisé ou décentralisé qui réponde le plus adéquatement aux besoins du plus grand nombre de citoyens et citoyennes.[164] Sans avoir une connaissance de tous ces facteurs, il sera difficile pour la diaspora de s'impliquer efficacement sans envenimer encore davantage le conflit[165].

En demandant aux personnes interviewées de m'expliquer les causes du conflit dans leur pays, mon but était d'apprécier leur perception de l'importance de comprendre le pourquoi de ces événements tragiques qui ont occasionné tellement de malheurs et dans certains cas les ont forcés à quitter leur pays. J'ai constaté qu'ils ont pris du recul devant les événements et qu'ils sont capables en peu de mots de résumer la situation de façon équilibrée. *-Ils mettent en évidence la mauvaise gestion, l'absence de vision historique d'où la manipulation des uns par les autres et le manque de*

---

[164] Ali, M. Taisier & Matthews, O Robert, (ed), *Durable Peace, Challenges for Peace Building in Africa,* University of Toronto Press, 2004, p.4.

[165] Bercovitch, Jacob, 2007, « A Neglected Relationship : Diasporas and Conflict Resolution », in : *Diasporas in Conflict, Peace-Makers or Peace-Wreckers?,* p. 17-38, Edited by Hazel-Smith and Paul Stares, United Nations University Press.

sagesse des politiciens avides de pouvoir et d'argent cherchant leurs propres intérêts, sans oublier le rôle de forces étrangères-. -L'impunité persiste toujours à cause de l'absence de structures policières et judiciaires adéquates-. -On note que les populations ont tendance à écouter et à respecter les chefs et certaines élites plutôt que les lois ; d'où la mauvaise gestion de situations conflictuelles qui persistent et s'aggravent avec le temps-. -Ils sentent que partout dans la région, la situation politique demeure très précaire car il y a encore trop de cœurs blessés qui partagent une vision limitée des événements et qui désirent encore la guerre-. -Pour ceux qui se permettent de rêver, leur rêve le plus cher est que la paix revienne dans leur pays-. -Celle-ci se réalisera grâce au développement d'élites responsables à tous les niveaux-.

-En toute humilité, certains confessent qu'ils ne comprennent pas ce qui s'est passé-. -Cela dépasse leur entendement-. - D'autres expriment une grande soif de comprendre car au fond tous ont souffert, tous ont des familles qui ont été affectées-. -Enfin, certains sont conscients qu'il faut aborder les causes profondes du conflit avec beaucoup d'humilité en sachant qu'à moins de posséder des informations actualisées au jour le jour, il n'est pas possible de bien comprendre et de s'impliquer sérieusement dans une véritable recherche de solution durable sans aggraver la situation-. -Beaucoup d'autres ont exprimé leur grande crainte devant la répartition très inéquitable des richesses à travers toute la région comme pouvant constituer de nouvelles sources de conflits-.

-Une fois le conflit terminé et que la diaspora a fait une analyse de toutes les parties présentes impliquées dans la guerre, elle note avec préoccupation que certaines personnes ou groupes de personnes qui sont complètement innocentes sont traitées de façon très injuste par les responsables politiques-. -Ce qui démontre de leur part une juste compréhension de la situation présente et une préoccupation envers ceux qui sont innocents, mais « exclus » par les autorités locales-.

-Enfin, quelques-uns insistent sur le manque de prise de conscience de la part de la diaspora de l'ampleur extrême du conflit dans la région des Grands Lacs-. -Les gens voient davantage le court terme que le long terme-. -Ces derniers pensent que les gens ont tendance à agir seuls, individuellement, plutôt que de façon concertée-. -La réussite individuelle, ici au Canada, prime trop souvent sur le collectif et sur le bien-être du pays d'origine-.

d. Une diaspora équipée d'outils d'intervention comme la médiation et la facilitation

La conférence sur la « Diaspora and Peacebuilding in Africa » tenue à Amsterdam, le 6 décembre 2006, a souligné l'importance de la formation en médiation pour les membres de la diaspora et, a même suggéré que ces formations se donnent dans des pays africains en paix pour être ensuite utilisées dans des pays africains en conflit. Comme les membres des diasporas connaissent les « deux » mondes, ils sont mieux positionnés pour intervenir au niveau des conflits locaux et régionaux. La conférence a suggéré de créer des '*partnerships*' pour répondre aux différents besoins selon les niveaux des conflits.[166]

La capacité pour aider à la réconciliation et à la résolution des conflits au sein de la diaspora est très importante. Il apparaît clairement que les divisions au sein même de la diaspora pour des raisons de différentes cultures, d'ethnicité et de sensibilité politique, peuvent l'empêcher d'intervenir pour la réconciliation nationale. [167] Serait-il possible de comprendre les différentes sensibilités au sein des diasporas afin de permettre une harmonisation entre celles-ci comme dans un orchestre symphonique ? Une première étape consisterait à recruter le support de ceux et celles qui sont véritablement touchés par la situation et qui sont déjà impliqués dans des activités de réconciliation.[168] Il ne faut pas cependant les forcer à intervenir car cela pourrait au contraire envenimer une situation déjà précaire.[169]

Dans un rapport intitulé « *Diaspora and Peacebuilding in Africa* », on a discuté comment la diaspora pouvait être stimulée et supportée pour devenir une force pour la transformation des conflits dans le pays d'origine. Selon les auteurs de ce rapport, il faut en **premier lieu stimuler un dialogue entre les différents membres de la diaspora**. On a même suggéré que le XXIème siècle devienne celui de la diaspora africaine. Les auteurs du rapport notent que les conflits africains affectent négativement la diaspora africaine dans son image et dans ses activités.[170] En plus des torts à l'image des diasporas, les niveaux de compétition et d'animosité entre les différentes diasporas peuvent constituer un empêchement majeur à la bonne entente. Lyons écrit que certaines diasporas vont se mobiliser pour faire du lobbysme

---

[166] African Diaspora Policy Centre, Dec. 2006, p. 6.

[167] Bercovitch, Jacob, 2007, « A Neglected Relationship : Diasporas and Conflict Resolution », in : *Diasporas in Conflict, Peace-Makers or Peace-Wreckers?* Pages: 17-38, Edited by Hazel-Smith and Paul Stares, United Nations University Press.

[168] Bercovitch, Jacob, 2007, « A Neglected Relationship : Diasporas and Conflict Resolution », in : *Diasporas in Conflict, Peace-Makers or Peace-Wreckers ?* Pages: 17-38, Edited by Hazel-Smith and Paul Stares, United Nations University Press.

[169] *Ibid.*

[170] African Diaspora Policy Center, Dec. 2006.

auprès du pays d'accueil en faveur d'une cause particulière au détriment d'une véritable réconciliation.[171]

L'interview visait à connaître les expériences de chacun par rapport aux activités de réconciliation. *-Ainsi, toutes les personnes interviewées sont conscientes du besoin de réconciliation et aspirent à la paix-. Il ressort que chacune des associations cherche de façon directe ou indirecte à rapprocher les individus en favorisant leur intégration dans le pays hôte, en les aidant à surmonter leur traumatisme et en créant un espace sécuritaire où chacun peut échanger sur ce qu'il a vécu sans craindre la répétition des événements-. -Ils se sentent souvent impuissants devant les extrémistes de tout bord qui refusent tout contact et vivent dans l'anonymat-. -Ceux qui reviennent d'une visite dans le pays d'origine témoignent des transformations qui s'y manifestent où les gens, au niveau des villages, sont obligés de vivre et de travailler ensemble en dépit de blessures morales profondes-. -Ils ont remarqué que des populations locales essaient de se distancer des élites et des politiciens qui les ont polarisées les unes contre les autres et sont à l'origine des conflits-. -Pour les membres de la diaspora vivant au Canada, ces personnes qu'ils ont rencontrées dans le pays d'origine constituent un incitatif pour se réconcilier, spécialement pour ceux qui sont toujours restés fixés sur les images du conflit.*

-Des survivants demeurés au pays et même des membres de la diaspora attestent du ***pouvoir du pardon****, eux qui se sont libérés de la haine, chose que ne peut pas ignorer la diaspora-.*

-Les membres de la diaspora interviewés ont, de manières différentes, posé des gestes personnels en faveur de la réconciliation-. -Ils ont mené des groupes de discussion dans le pays hôte sur la réconciliation en rassemblant des gens appartenant à différentes ethnies-. -Certains se sont concentrés sur des projets de développement qui visent à réduire les inégalités et les tensions dans un milieu particulier fortement affecté par le conflit-. -Plusieurs ont posé de petits gestes dans leur vie quotidienne comme inviter des membres d'une autre ethnie à venir partager un repas, parler favorablement des « autres » ou encore partager avec ces derniers à l'occasion d'un deuil-. -Enfin, ceux qui, après avoir suivi des formations en médiation sont allés sur le terrain pour conduire des sessions des formateurs en médiation qui, regroupés en associations, continuent de promouvoir la réconciliation-. -Par l'intermédiaire d'équipes sportives, ici même au Canada, ouvertes à tous, les participants ont expérimenté des mécanismes de résolution de conflits-. -Par l'apprentissage de l'écoute, chacun avant de prendre des décisions, a appris à vérifier la satisfaction de tous les membres de l'équipe-. -Si on leur donnait les moyens et la formation, plusieurs

---

[171] Lyons, T (2004), *Engaging Diasporas to Promote Conflict Resolution: Transforming Hawks into Dove.* Working Paper presented at the Institute for Global Conflict and Cooperation, Washington Policy Seminar, p. 9.

seraient prêts à intervenir sur le terrain, mais avec beaucoup d'humilité, essayant autant que possible d'être dépourvus d'intérêt personnel, sans manipuler qui que ce soit, en sachant qu'il est difficile de demeurer réellement neutre, surtout si on a été soi-même touché par le conflit-. -Partout, des gens sont à la recherche d'espoir-.

Qui peut le mieux intervenir sur le terrain ? -Il y a les chefs locaux et coutumiers, les chefs religieux des différentes confessions religieuses et les enseignants-. -Les femmes au sein des organisations féminines ont un rôle important à jouer, elles qui ont été très affectées par les conflits-. -Toutes ces personnes ont accès à de larges audiences et peuvent prêcher pour la paix et la réconciliation-. -Elles doivent avoir l'aval du pouvoir, avoir des liens avec les différents groupes sans être identifiées avec aucun parti politique particulier-. -Au sujet des interventions pour la résolution de conflits au Canada, il faut des individus qui ont du charisme, qui sont bien intégrés dans la société canadienne, qui ont conscience d'où ils viennent avec une profonde compréhension des racines du conflit-. -La personne qui voudrait s'impliquer doit être consciente que la diaspora vit une situation très « émotive » basée sur différentes interprétations de l'histoire et différentes idéologies, d'où la nécessité d'avoir de bons outils de médiation et de facilitation qui soient adaptés à la situation particulière de chacune des diasporas-.

-La diaspora reconnaît le besoin d'une préparation particulière pour intervenir ici au Canada aussi bien que sur le terrain en Afrique-. -Des répondants ont beaucoup apprécié la formation en tierce partie neutre donnée par l'Institut canadien pour la résolution des conflits-. -Ils voient l'utilité de transposer cette formation sur le terrain, surtout pour des responsables de villages-. -La formation devrait permettre de rencontrer les gens dans leur milieu et de les amener à travers un dialogue à comprendre ce qui s'est passé et pourquoi il en a été ainsi-. -Il faut être capable de traduire sur le terrain des méthodes apprises et expérimentées dans un contexte canadien et de produire ceci avec beaucoup d'humilité-. -La diaspora réalise dans un premier temps l'importance de « mettre les cartes sur la table » pour ensuite, équipée d'outils de dialogue, « clarifier l'air » de tout ce qui est malsain-.

-Le projet de réconciliation nationale entraîne et comprend aussi les projets de réconciliation régionale en association avec les acteurs proches et lointains.-

2. FACTEURS EXTERNES QUI INFLUENCENT LA DIASPORA

Les facteurs externes sont ceux sur lesquels la diaspora n'exerce que peu d'influence mais qui ont un impact significatif sur sa capacité à intervenir dans un processus de réconciliation. Parmi ces facteurs, il y a un prérequis essentiel, *un pays d'accueil gouverné par un système démocratique* et deux autres facteurs qui sont : *un développement suffisant d'institutions démocratiques au sein du pays d'origine et la perception positive de la population du pays d'origine par rapport à la diaspora.*

a. Un pays d'accueil gouverné par un système démocratique

La politique canadienne est un élément essentiel qui pourrait permettre à la diaspora de contribuer à la réconciliation. Les politiques d'un pays d'accueil qui favorisent le multiculturalisme contribuent à conserver la fierté nationale d'une diaspora. Les pratiques démocratiques qui constituent un modèle à imiter, ont un impact significatif sur la façon dont la diaspora va être motivée à s'impliquer dans un processus de réconciliation.[172]

Les interviews m'ont permis de constater- *à quel point la diaspora apprécie les institutions démocratiques canadiennes et la politique du multiculturalisme-. -Cela constitue pour elle une base solide, un contexte politique et social ouvert aux autres, comme étant nécessaire pour l'amener à travailler à la réconciliation entre ses différents membres ici au Canada et entre les populations dans leur pays d'origine-. -Le fait que le Canada favorise l'intégration des minorités en associations et leur permet de s'organiser librement sans qu'il n'y ait « d'obstacles » à leur volonté d'entreprendre quelque chose de constructif pour la paix dans leur pays est un grand atout-. -Ils voient le Canada comme un modèle à promouvoir dans leur pays d'origine-. -En même temps, ils s'attendent à ce que le pays hôte puisse les aider dans cette entreprise-. -Ils réalisent que l'« image du Canada » est en soi un défi pour eux tous, ressortissants de pays où la règle de droit est loin de prévaloir également pour tous les citoyens-.*

b. Un développement suffisant d'institutions démocratiques au sein du pays

Shain & Barth soutiennent que la diaspora exerce une plus grande influence sur le pays d'origine quand celui-ci est faible mais « démocratique ». Le pays peut avoir récemment adopté des pratiques démocratiques, mais il lui manque des infrastructures politiques et économiques bien constituées avec du personnel intègre et compétent. Un tel État est ouvert à l'influence de la diaspora.[173] Très souvent les membres de la diaspora sont considérés par le pays d'origine comme étant encore des citoyens à part entière[174]. C'est alors que la diaspora a le privilège d'exercer

---

[172] Vertovec Steven, *The Political Importance of Diasporas*, Centre on Migration, Policy and Society, Working Paper no 13, University of Oxford, 2005.
[173] Shain Yossi and Barth Aharon, *Diaspora and Internationl Relation Theory, International Organization* 57, Summer 2003, p. 464.
[174] *Ibid.*, p. 461.

son influence sur le pays d'origine et de promouvoir ses intérêts. Ayant plus de moyens de connaissance et d'expérience que ceux demeurés au pays, elle agit par l'intermédiaire de la société civile ou de partis politiques. Lorsque les autorités du pays d'origine se rendent compte de l'influence de la diaspora et qu'elles en apprécient l'apport, elles créent alors des ministères responsables de la diaspora comme c'est le cas pour la RDC, le Rwanda et le Burundi.

Comment la diaspora des Grands Lacs pense-t-elle pouvoir agir dans le contexte sociopolitique des pays d'origine? Par quel moyen son pouvoir politique et son autorité morale peuvent-ils s'exprimer ?

-Tout au long des conflits, la diaspora a appris à juger de la fiabilité ou non des institutions politiques ou de la société civile-. -Il apparaît qu'elle est le meilleur juge dans cette matière-. -Les répondants de chacun des trois pays ont parlé de nouveaux ministères chargés des relations avec la diaspora-. -La tâche de ces derniers est de rencontrer les membres de la diaspora un peu partout à travers les pays développés-. -Comme ce sont de nouvelles entités, les résultats demeurent embryonnaires-. -Dans certains cas, la diaspora est invitée par ce Ministère à aller contribuer à la reconstruction du pays-. -À travers les réunions tenues au Canada par l'intermédiaire de certains de ces Ministères on a pu constater l'intérêt grandissant de la diaspora à voir les choses évoluer dans leur propre pays-. -Cela a favorisé une occasion pour les différentes ethnies de se retrouver en reconnaissant que toutes avaient été également affectées par les conflits et qu'il est urgent de participer ensemble à la reconstruction-.

-Il existe également les nouvelles ambassades à Ottawa-. -Les ambassadeurs ne sont plus automatiquement du groupe au pouvoir, mais alternent-. -Dans le cas des trois pays, les ambassades constituent, à différents degrés, des points de ralliement pour tous les membres de la diaspora, quelle que soit l'ethnie, et pour tous ceux qui sont prêts à sortir de leur isolement-. -Avec la collaboration des ambassades, il y a un début de réconciliation en autant que les personnes le désirent et en font l'effort-. -Tous sont invités sans distinction à y célébrer les fêtes nationales-. -Les sentiments demeurent cependant partagés par rapport à certaines structures politiques créées pour promouvoir la réconciliation nationale à l'intérieur du pays d'origine-. -Certains sont confiants qu'en favorisant la venue au pays de membres de la diaspora à l'occasion de journées de la réconciliation, ils peuvent ainsi constater que la réconciliation est en train de prendre racine dans le pays d'origine-. -D'autres, par ailleurs, expriment la crainte qu'ils soient amenés à voir la réconciliation à travers les lunettes de l'État et qu'ainsi, il leur soit difficile d'aller en dehors des sentiers tracés par l'État-. -Plusieurs sont conscients qu'ils ont une bonne compréhension des causes du conflit et qu'ils pourraient jouer un rôle dans la réconciliation à travers des structures politiques nationales, si on leur en donnait les moyens et les opportunités-. -Ainsi, ils aimeraient qu'il y ait au sein de

l'ambassade un service responsable de l'interaction avec la diaspora-. -Ceci permettrait à des membres de la diaspora de rester branchés sur ce qui se passe au pays et de proposer des solutions-. -La diaspora serait ainsi conscientisée davantage à son rôle d'appui envers son pays d'origine-. -Il y a des membres de la diaspora des quatre coins du monde qui ont envie d'améliorer les conditions de vie dans leurs pays-.

-Enfin, il existe des institutions d'enseignement comme des universités et autres structures d'enseignement à tous les niveaux, des collectivités coutumières et locales et des organisations de la société civile gérées quelque fois par des étrangers ou plus souvent par des locaux avec lesquelles la majorité des personnes interviewées ont travaillé et continuent à le faire-. -Des organisations féminines, des syndicats, des organisations spécialisées dans les droits de la personne, des radios privées, existent à travers toute la région-. -Malheureusement, elles manquent de moyens-. -Pourtant, ces organisations de la société civile sont en contact continuel avec les populations et peuvent ainsi contribuer à la réconciliation-. -Étant sur le terrain, elles entendent ce que les populations ont à dire, ainsi que leurs propositions de règlement du conflit-.

C'est comme si parfois le peuple est plus avancé que les dirigeants!

c. La perception positive de la population du pays d'origine par rapport à la diaspora

Au Soudan, la diaspora soudanaise a découvert qu'il était non seulement difficile de se faire accepter par les politiciens, mais également par les populations qu'elle voulait elle-même aider. [175] Lors du « *African Diaspora Community Forum* », tenu à Ottawa en avril 2005, on a reconnu qu'il fallait que la diaspora soit consciente de toutes les difficultés causées du fait que plusieurs pays africains ne sont pas ouverts à la diaspora. [176]

Le cas de la diaspora cubaine illustre bien les différences de valeurs et d'intérêts entre ceux qui sont demeurés au pays sous le régime de Fidel Castro et ceux qui, au moment de la révolution, ont quitté Cuba et trouvé refuge à Miami. Ces derniers rejettent tous les acquis de la période révolutionnaire au point de vue institutionnel et économique. Ils voudraient retourner à la situation d'avant la révolution lorsqu'ils étaient maîtres du pays. Les habitants de l'île ont acquis des droits qu'ils veulent préserver à tout prix. La diaspora doit être sensible aux valeurs et intérêts de tous ceux qui sont demeurés dans le pays et ont survécu à diverses tribulations.[177]

---

[175] African Diaspora Policy Centre, Dec. 2006, p. 4.

[176] African Diaspora Community Forum, April 2005, p. 14.

[177] Grugel Jean & Kippen Henry, « The Cuban Diaspora », in : *Diasporas in Conflict, Peace-Makers or Peace-Wreckers?*, Edited by Hazel-Smith and Paul Stares, United Nations University Press, 2007, p. 67.

Une approche pragmatique s'impose de la part de la diaspora qui devra engager un dialogue plus constructif en termes de langage et de contenu.

L'implication de la diaspora cambodgienne ne s'est pas faite sans difficulté dans la reconstruction du Cambodge. Elle s'est trouvée dans une position très vulnérable. Les membres de la diaspora ont vécu dans différents environnements, voyagé dans divers pays. Ces expériences ont créé des identités différentes au sein même de la diaspora.[178] De plus, les intérêts du Cambodge ne concordent pas toujours avec les agendas politiques de la diaspora. En même temps, la diaspora doit se débattre avec le manque d'intérêt et l'opposition politique du pays d'accueil. De plus, il peut y avoir une différence entre les générations au sein de la diaspora menant au développement d'intérêts divergents.

À la fin de la guerre civile, le Cambodge avait un grand besoin de talents, de professionnels dans tous les domaines afin de contribuer à la reconstruction du pays. Ceux qui sont revenus ont rencontré bien des obstacles comme la corruption, l'instabilité politique, l'absence de réconciliation et la méfiance généralisée à tous les niveaux. Dans bien des cas, les régimes en place veulent seulement l'argent de la diaspora mais pas leur influence. Que ce soit au Cambodge ou en Haïti, les autorités locales ne font pas toujours confiance aux membres de la diaspora et ne sont pas toujours prêtes à leur redonner la citoyenneté (leur permettant d'avoir une double nationalité) et de jouer un rôle politique en leur donnant la possibilité d'élire des députés au parlement comme représentants de la diaspora. Les Cambodgiens de l'extérieur ne sont plus d'authentiques citoyens aux yeux de l'État et de plusieurs membres de la société civile locale. Le fait de vivre à l'étranger les a changés. Pour les locaux, ils ne sont plus des « purs ». Les Cambodgiens de l'étranger ont choisi de quitter le pays et de se sauver du massacre. C'est pourquoi, ceux qui sont restés au pays et ont survécu au génocide sont les véritables patriotes. Ces derniers parlent de « Khmerness » ou d'authenticité culturelle. La diaspora a comme perdu le droit d'appartenance et d'avoir une voix active aux affaires de l'État.[179] « *Self-others relations are matter of power and rhetoric rather than essence* ».[180] Il s'agit ici d'un sujet important ayant trait à la viabilité de la participation de la diaspora dans la politique d'un pays et du partage du pouvoir. La réconciliation est-elle possible ?

---

[178] Um Khathary, « Political Remittance: Cambodian Diaspora in Conflict and Post Conflict », in : *Diasporas in Conflict, Peace-Makers or Peace-Wreckers?*, p. 253-279, Edited by Hazel-Smith and Paul Stares, United Nations University Press, 2007, p. 254.

[179] Ibid., p. 272.

[180] Bash, Linda, Nina Glick Schiller, and Cristina Szanton Blanc, *Nations Unbound: Transnational Project Postcolonial Predicaments, and Deterritorialized Nations-States*, Langhorne, PA: Gordon & Breach, 1994.

-La majorité des personnes interviewées croient à l'importance d'être acceptées par les autorités politiques et les populations locales afin de contribuer efficacement à la réconciliation-. -Elles suggèrent d'intervenir avec beaucoup d'humilité et de ne pas croire que la diaspora a la clé de tous les problèmes-. -C'est un terrain miné où il faut se départir de tout intérêt particulier-. -Sinon, il y a risque de décevoir la population comme cela s'est produit dans le passé où des postes ministériels ont été attribués à des membres de la diaspora, aussi corrompus que les locaux-.

-Les avis de la diaspora sont cependant très partagés quant à leurs perceptions des attentes des politiciens et des populations locales par rapport à leur contribution-. -Selon certains, les politiciens considèrent la diaspora comme une opposition politique qu'ils craignent et trouvent trop critique-. -Dans certaines situations, les politiciens locaux sont prêts à accepter les interventions de la diaspora à condition d'être totalement en contrôle-. -Ils recherchent davantage l'aide financière ou technique que le support à la réconciliation et suggèrent à la diaspora de se réconcilier entre elle avant de venir donner des leçons-. -La diaspora n'est pourtant pas prête à faire les jeux de l'État surtout si elle diverge d'opinion par rapport aux politiques sur les droits de la personne et la répartition équitable des richesses-. -Elle n'accepte pas que les mêmes injustices à la source des conflits soient répétées-. -D'autres croient que les autorités sont à la recherche des cerveaux et sont ouvertes à toutes sortes d'initiatives-. -Il est cependant important d'éviter de se couper des autorités politiques ; ce qui pourrait avoir des effets néfastes à long terme-. -Quant aux populations locales, d'une part elles ont une soif d'apprendre de nouvelles façons de faire de la diaspora, elle qui a voyagé à travers le monde-. -Mais, elles s'attendent à ce que la diaspora travaille de façon coordonnée et cohérente et, qu'elle se mobilise pour faire avancer la bonne gouvernance tout en les aidant financièrement dans des projets de développement-. -Il y en a d'autres qui s'attendent à ce que la diaspora parle en leur nom et explique au monde les malheurs dont ils sont affligés, mais qu'elle le fasse d'une seule voix-. -Ils croient que la diaspora a la capacité d'adapter des choses apprises de l'extérieur aux conditions locales-. -Quant aux populations qui ont vécu de mauvaises expériences dans le passé, elles ont l'impression d'avoir été trahies par des membres de la diaspora qui ont abusé d'elles-. -Ainsi, la diaspora doit travailler à reconstruire la confiance dans un milieu où le tissu social a été tant malmené-.

CONCLUSION

Ce projet de recherche m'a donné le privilège de rencontrer des personnes exceptionnelles, éveillées, et dynamiques. La perte des êtres chers, l'obligation de changer de milieu de vie et de recommencer une nouvelle existence ont été source de dépassement. Je tiens à les remercier de s'être ouvertes à moi comme un grand livre contenant des visions et des intuitions qu'elles seules pouvaient exprimer. Ce travail contient également de nombreuses références à des auteurs qui se sont penchés sur les diasporas du monde, considérées comme études de cas. Celles-ci m'ont permis d'identifier un ensemble de facteurs importants dans la contribution d'une diaspora envers son pays d'origine et ainsi d'en faire un travail comparatif. J'ai voulu savoir quelle était la perception de la diaspora des Grands Lacs par rapport à cinq de ces facteurs et, comment ces personnes concevaient leur rôle dans la réconciliation entre les différents groupes en conflit. J'ai cherché à fournir aussi fidèlement que possible la perspective des personnes interviewées sans préjudice en espérant que ce travail de mémoire contribue à enrichir le débat au sein de la communauté africaine des Grands Lacs, de la région d'Ottawa-Gatineau. Je laisse au lecteur la possibilité de comparer la position de la diaspora des Grands Lacs à d'autres diasporas telles que rapportées par différents auteurs et spécialistes de cette question. Néanmoins, cette recherche démontre que chacun des facteurs analysés joue un rôle essentiel dans un véritable processus de réconciliation.

Des historiens de la région des Grands Lacs émettent la proposition que la violence, et même la violence de masse, ont été présentes de la préhistoire jusqu'à nos jours dans une région où les caractéristiques climatiques et géographiques ressemblent davantage à celles du paradis terrestre. Les populations des Grands Lacs sont-elles de tous temps enfermées dans une logique qui les mènent périodiquement à s'autodétruire ? Pourtant, tous les ressortissants des Grands Lacs que je connais depuis plusieurs années sont des plus pacifiques et démontrent beaucoup de tolérance et une grande humanité. De par notre nature humaine, nous nous posons continuellement des questions. Quel est le sens de la vie ? Pourquoi cette violence ? Une réponse donnée peut ne pas nous satisfaire entièrement. Notre nature nous pousse à aller toujours plus loin et à chercher toujours davantage des réponses plus satisfaisantes.

Les interviews ont déjà fourni certaines réponses à ces questions difficiles. La diaspora des Grands Lacs serait-elle tentée de pousser plus loin sa réflexion? Devant la tragédie oubliée qui se déroule dans la région des Grands Lacs, peut-elle répondre de façon éclairée et prendre des décisions qui soient pertinentes, opportunes et faisables à la mesure de ses capacités, contribuant ainsi à améliorer le sort des dizaines de millions de personnes qui vivent privées d'espoir ? Serait-elle prête à s'engager dans une action concertée, collective et globalisante en vue d'initier un dialogue soutenu entre les membres provenant des trois pays de la région des Grands Lacs ? Un tel dialogue pourrait grandement favoriser la réconciliation dans le pays hôte aussi bien que dans les pays d'origine. Ce que toutes les personnes interviewées désirent, c'est une paix réelle et un développement économique et social durable. La mission est possible, puisqu'il y a en chacun d'eux tellement de résilience.

LE SERVICE D'AIDE À L'ÉTABLISSEMENT
Enjeux et défis des immigrants afro au Canada (Ottawa)

Par monsieur Jean Richard TSHIMANGA BAKADIABABU[181]

I. SOMMAIRE

L'établissement dans un nouveau pays (l'immigration) est un processus plus au mois long, exigeant et dépend de plusieurs facteurs, qui peuvent influencer ou favoriser l'atteinte d'un niveau d'adaptation et d'intégration souhaitable. Le niveau d'adaptation souhaitable ou d'intégration est une notion subjective, qui est soutenue par certains indices permettant de témoigner du niveau atteint par la personne immigrante, c'est-à-dire, le niveau d'intégration "harmonieuse" dans la société d'accueil.

En parlant de l'établissement dans un nouveau pays, nous allons centrer notre propos sur le Canada, en ce qui concerne les immigrants « afro » en Ontario, et plus particulièrement, dans la région d'Ottawa. L'établissement des « Afro » dans cette partie du pays et l'atteinte du niveau d'adaptation ou d'intégration souhaitable sont liés entre autres au facteur temps, qui est influencé par d'autres variables telles que : le niveau d'éducation, la santé, l'origine rurale ou urbaine, la langue, la race, "la religion", la manière dont on quitte le pays d'origine... Ces variables déterminent, allongent ou raccourcissent la durée du processus d'intégration d'un immigrant dans le pays d'accueil, le Canada en l'occurrence.

II. L'IMMIGRATION AU CANADA

Le Canada, pays industrialisé, consacre des ressources et des efforts considérables pour attirer, favoriser, accueillir et installer les immigrants afin que ceux-ci contribuent au développement économique et à la prospérité de leur pays d'accueil. Dès leur arrivée, ceux-ci sont appelés à prendre contact avec les services d'aide à l'établissement qui ont pour mission d'accompagner et d'aider les nouveaux résidents à s'établir, à s'adapter et à s'intégrer efficacement et harmonieusement dans la société d'accueil, le Canada. Est-ce que les moyens, les ressources et les efforts consentis pour séduire « les immigrants » sont-ils alloués aux services de l'intégration de nouveaux venus dans la même proportion ? Est-ce que les services d'aide à l'établissement disposent des outils adaptés ou susceptibles de tenir compte

---

[181] Jean Richard Tshimanga Bakadiababu est conseiller en établissement et développement communautaire depuis plus de dix ans au Centre Catholique pour Immigrants à Ottawa, Ontario. Il est membre co-fondateur et président du Conseil d'Administration (2002-2005) du Centre Africain d'Accueil de Développement et d'Intégration (2002-2006).

de certaines différences ou du décalage pouvant exister au sein d'une même cohorte de nouveaux arrivants ? Est-ce que les communautés culturelles ont conscience du problème et que peuvent-elles faire ? Est-ce que les anciens peuvent aider les nouveaux ? Nous allons tenter d'y réfléchir ensemble sans idées préconçues, sans prétention ni une quelconque leçon à donner.

En effet, la politique d'immigration du gouvernement canadien est guidée par trois objectifs à savoir : (1) réunifier les familles, (2) respecter les obligations internationales, (3) consolider la tradition humanitaire en protégeant les réfugiés. À ces objectifs correspondent les trois catégories auxquelles appartiennent les immigrants qui sont admis chaque année au Canada à titre de résidents permanents :

- les immigrants de la catégorie de la famille.
- Les immigrants de la composante économique
- Les réfugiés

(1) La première catégorie, celle dite de la « famille », englobe les personnes parrainées par un proche parent : conjoint, fiancé, enfant, père, mère ou grand-père ou grand-mère (neveu et nièce). La personne qui parraine doit être majeure, citoyen canadien ou résident permanent du Canada et il (elle) doit assumer tous les frais financiers pendant **trois ans** pour un conjoint ou **10 ans** pour les autres catégories de membres de la famille. Toutefois, si *une personne parrainée a des problèmes financiers, elle a droit d'accéder à l'aide sociale et son répondant (la personne qui a parrainé) devra (obligation) rembourser l'ensemble des prestations au gouvernement.* Dans cette catégorie on assimile les personnes parrainées par un groupe de 5 (une personne ou famille en difficulté : guerre, insécurité ou déplacée...). *Un groupe de 5 citoyens qui auront la responsabilité de subvenir à l'ensemble de besoins matériels et financiers d'un individu (et sa famille) durant un an.*

(2) La deuxième composante, « économique », regroupe les travailleurs économiques et les gens d'affaires (travailleurs qualifiés, investisseurs, entrepreneurs et travailleurs indépendants), ainsi que les époux, conjoints et personnes à charge qui les accompagnent et les candidats des provinces et territoires. Ces personnes font une demande parce qu'elles disposent d'une qualification, une expertise ou les moyens financiers qu'elles veulent amener au Canada pour contribuer à l'essor économique du pays. Cette catégorie est la plus importante de toutes, pour la période de 2000 à 2002, elle représentait 61% des 707 000 immigrants venus au Canada, tandis que ceux issus de la réunification familiale représentaient 27% des immigrants et les réfugiés, au sens de la Convention de Genève, formaient environ 12% pour la même période.

(3) La troisième catégorie de « réfugié », regroupe tous les réfugiés au sens de la Convention de Genève et les autres personnes déplacées en réinstallation au Canada qui sont aussi sélectionnées selon certains critères spécifiques : langues officielles parlées, diplômes, etc. Enfin, pour régler le

problème de la pénurie de main-d'œuvre, le gouvernement canadien a créé une nouvelle catégorie « Expérience canadienne ». Celle-ci regroupe les personnes ayant le statut de travailleur temporaire ou d'étudiants étrangers (internationaux), qui peuvent changer leur statut en demandant la résidence permanente. Toutefois, ils doivent obtenir leurs diplômes au Canada, c'est-à-dire, avoir fait au moins deux années d'études universitaires et avoir travaillé au moins une année, tandis que les détenteurs d'un permis de séjour temporaire (travailleurs), doivent avoir travaillé au moins deux ans.

III. LA PROBLÉMATIQUE ET SES MANIFESTATIONS SOCIALES ET AFFECTIVES

Le phénomène migratoire a une origine lointaine dans l'aventure humaine, de tous temps ou époques, les humains se déplacent parfois loin de leur terroir ou dans sa proximité selon les circonstances. Celui-ci ne date pas d'aujourd'hui mais son ampleur et sa fréquence témoignent de la permanence de l'instabilité économique, sociale, culturelle et de la recherche de l'équilibre (la mondialisation). Plusieurs recherches attestent qu'au nombre des nouveaux arrivants au Canada, beaucoup l'ont fait soit pour des raisons économiques, soit pour rejoindre leurs familles. Tandis que, pour d'autres, la guerre, la famine, l'oppression et autres troubles de notre modernité ne leur ont laissé aucune autre possibilité ni choix, si ce n'est celui de fuir et de quitter leurs pays. Ces immigrants dès leur arrivée, sont confrontés à plusieurs difficultés, en voici une liste non exhaustive : la langue, le climat, les habiletés sociales, non-reconnaissance des acquis antérieurs (diplômes, expérience professionnelle, éducation), manque d'emploi, isolement, chocs psychologiques, chocs culturel et environnemental, dépressions, discriminations à l'emploi...

Les difficultés ***énumérées*** ci-haut couplées aux attentes de la personne par rapport à l'image du Canada à l'étranger amènent parfois certains conflits qui dégénèrent en crise au sein de la famille d'abord, puis à l'école ou au travail, avec comme aboutissement et conséquences : la séparation des couples, le divorce, le décrochage scolaire, la prison, les placements d'enfants, les problèmes psychiatriques et, parfois, le suicide. Le conflit dont il est question peut être d'ordre culturel, social, religieux, financier ou moral.

- Certains nouveaux arrivants ont quitté un pays déchiré par la guerre, parfois dans des conditions traumatisantes.

- D'autres nouveaux immigrants se retrouvent ici dans des positions subalternes et ils ont du mal à assumer le fait de n'être plus le seul pourvoyeur financier de la famille (pouvoir financier de la femme et des enfants), le changement des rôles.

- Difficulté d'intégration au sein de la société à cause de l'attachement à la culture d'origine (barrières dues à la religion).

- Difficulté à affirmer l'orientation sexuelle et manque de soutien pour l'orientation sexuelle (l'homosexualité ou la transsexualité sont inacceptables dans les cultures africaines).

- Isolement dû au manque de formation, à un logement inadapté à la taille de la famille et à l'insuffisance des ressources nécessaires pour la satisfaction des besoins spécifiques.

- Problème de garderie et transport, le niveau scolaire, l'âge et le fardeau de la diaspora qui doit venir en aide à la famille élargie restée au pays ($), le conflit non résolu, la violence familiale et les cicatrices antérieurs à la venue au Canada.

- Santé (secret), - Manque de participation / implication. - Manque de communication et de synchronisme avec le service d'aide.

Les problèmes ou les difficultés d'intégration dans le pays d'accueil, guettent tous les nouveaux arrivants : célibataires, seul(s) ou avec enfant(s), père ou mère de famille, jeunes ou vieux et chacun, doit faire des efforts pour s'en sortir. Il s'agit tant pour l'enfant que pour ses parents d'une difficulté d'adaptation dans une nouvelle société dont les valeurs sociales, culturelles, religieuses et économiques ne correspondent pas à celles du pays d'origine.

Le père ou la mère de famille (parents) se trouvent coincés et sans emploi, sans la langue du pays, dans une société toujours pas prête à lui accorder une place, c'est-à-dire, une place équivalente à la position sociale qu'il avait dans son pays d'origine. Parfois la femme trouve du travail avant le mari et cette situation est mal vécue parce que le rôle du conjoint en tant que pourvoyeur financier est menacé. La compréhension des nouveaux droits de la femme est très mal reçue et assumée par l'homme et, la structure familiale s'en trouve affectée. La coupe est pleine lorsque la femme commence à se souvenir des souffrances endurées dans le passé. L'homme coincé dans son divan sans job, voit sa femme et ses enfants remplir le rôle de pourvoyeur, alors que lui, est relégué aux charges domestiques (à la cuisine, entretien et autres). Ce dernier n'a jamais touché à une casserole ni assuré les tâches ménagères ; frustré, il encaisse très mal le changement et surtout, l'inversion des rôles survenue dans une société canadienne imprégnée par les revendications féministes de la parité et de l'égalité entre les hommes et les femmes dans les milieux professionnels et dans la vie familiale. Par exemple, l'ignorance de la langue du pays, faisant de l'enfant l'intermédiaire avec le monde extérieur pour la famille et la perte de l'autorité (parents), ruine à coup sûr le moral et la santé mentale de celui-ci.

L'enfant perdu dans le processus d'adaptation, se bat tant bien que mal dans un monde nouveau, qui l'oblige à reconstruire ses repères malgré les contraintes environnementales. Il vit l'incompréhension avec ses parents et n'a personne pour se ressourcer ; son salut, c'est s'échapper du carcan familial avec son cortège d'interdits et de non-droits, du statut de dépendant.

Son petit job fait de lui un contributeur, il cherche un peu plus d'autonomie et de liberté, sous le regard médusé de parents qui ne comprennent plus rien.

Pour surmonter le choc culturel et émotionnel, il faut du temps pour absorber les informations, s'adapter dans la société d'accueil et amortir le choc culturel. La hiérarchie familiale n'est plus respectée et même lorsque les nouvelles normes leur sont expliquées, les nouveaux venus ne parviennent pas facilement à s'adapter au nouveau contexte de leur environnement.

IV. STRATÉGIES THÉRAPEUTIQUES

Quelles sont les stratégies thérapeutiques et pédagogiques susceptibles de gérer efficacement les difficultés rencontrées dans le processus d'intégration dans la société multiculturelle du Canada ?

I. Possibilité de travailler en partenariat avec les milieux ethnoculturels et les leaders associatifs. Nécessité pour les intervenants de développer leur capacité à accepter les différences culturelles et axiologiques (les valeurs morales et religieuses), car les préjugés sont réciproques. Sachant que parfois les histoires qu'on entend nuancent ou influencent notre jugement, il faut que les intervenants fassent primer leur professionnalisme sur les stéréotypes conscients ou inconscients à travers lesquels ils appréhendent les communautés de nouveaux migrants africains. D'où la nécessité de poser des normes sociales et culturelles pour réguler les pratiques sociales d'aide à l'intégration des immigrants.

Orientation des attentes incluant les droits et les responsabilités des parents et des jeunes (il faut une mise au point dès l'arrivée) ! Informer sur les droits et les devoirs et encourager l'implication. Offrir des témoignages des personnes qui se sont impliquées, faire participer les jeunes à la création et à l'organisation des activités (chercher à savoir ce qu'ils souhaitent comme activités).

II. Il faut promouvoir des associations éducatives où des jeunes afro-canadiens sont pris en charge par les aînés et les sages de la communauté en vue de résoudre nos problèmes familiaux ou sociaux en tenant compte des valeurs éthiques et spirituelles de nos cultures. Par exemple, beaucoup de familles se sont vu arracher leurs enfants par l'aide à l'enfance qui les a ensuite placés dans des familles canadiennes d'accueil. De la même façon, des adolescents et adolescentes afro-canadiens sont encouragés par les assistants sociaux à quitter leurs familles si les parents les embêtent. Mais une fois que ces enfants deviennent des adultes et tombent dans le trafic de la drogue, les gangs de la rue ou commettent des méfaits ou actions illicites, ils sont immédiatement arrêtés et mis en prison. Les gens qui travaillent ou visitent les prisons (Innès, Ottawa, Montréal, Toronto…) affirment à l'unanimité l'augmentation des Noirs dans la population carcérale. Les jeunes de l'Afrique subsaharienne et d'Haïti constituent la grande part de la population carcérale au Canada. De la même façon, le réseau « Femmes battues », ou d'autres associations féministes encouragent nos filles et nos femmes à prendre leur autonomie et à chasser leurs maris à la moindre infraction. Mais petit à petit, nous assistons dans nos communautés afro-canadiennes à la multiplication des familles monoparentales où des femmes seules s'occupent de nombreux enfants qui finissent par basculer dans la délinquance sociale pour les garçons et la prostitution pour les filles. Finalement, nous pouvons nous demander qui est finalement perdant quand nous laissons les seules institutions sociales et juridiques canadiennes réguler et résoudre nos problèmes familiaux ? C'est la raison pour laquelle nous préconisons la création des groupes de sages et des anciens dans nos communautés respectives pour qu'ils jouent efficacement le rôle de facilitateurs et de médiateurs pour résoudre les conflits entre les parents et leurs enfants, conflits qui fragilisent davantage nos communautés, qui sont déjà terriblement frappées par le chômage en dépit du nombre de diplômes en son sein.

Cette constitution des groupes des sages et des anciens est un projet que nous nourrissons dans le *Centre Africain d'Accueil de Développement et d'Intégration* (CAADI) dont je suis parmi les animateurs. C'est en confiant la gestion de nos conflits et de nos problèmes familiaux aux groupes des sages et des anciens que nous aurons nous-mêmes constitués, que nous pouvons nous appuyer sur nos valeurs culturelles et éthiques africaines en dépassant la rigidité, le juridisme ou l'unilatéralisme des institutions sociales canadiennes de résolution des conflits. Il s'agit de choisir parmi ces sages des personnes imprégnées des valeurs culturelles et éthiques (*Ethos*) africaines tout en maîtrisant en même temps les normes et les modes de fonctionnement juridique des institutions sociales canadiennes de régulation et de résolution des conflits.

III. Nous devons aussi promouvoir des associations éducatives et culturelles où nous développons une éthique de l'excellence et de la responsabilité chez nos jeunes qui sont les adultes de demain. En guise d'illustration, je citerai le Galla N'Goni que CAADI organise chaque mois de juin pour célébrer, féliciter, motiver et encourager tous les finissants et toutes les finissantes de la grande communauté afro-canadienne qui ont achevé avec succès une étape de leurs cursus (parcours, trajectoires) scolaires et académiques. En célébrant les performances scolaires de nos jeunes garçons et filles, nous leur montrons qu'ils appartiennent bel et bien à une communauté panafricaine par-delà les frontières nationales, ethniques et linguistiques. La dernière célébration du Galla N'Goni le 25 juin 2011 fut un grand succès par son allure panafricaine, pédagogique et festive. Nous avons vu des jeunes de toute l'Afrique (Érythrée, Éthiopie, Somalie, Congo, Rwanda, Burundi, Côte d'Ivoire, Cameroun, Mali, Guinée, Sénégal, Haïti, etc....) se réunir pour célébrer leurs succès et prendre des énergies pour continuer leur formation en vue d'occuper une place stratégique et importante dans la société multiculturelle où nous vivons. De telles associations culturelles et éducatives cultivent chez nos jeunes une éthique de l'excellence, de la responsabilité et de la dignité, nécessaire pour l'émergence des diasporas fortes et unifiées autour du combat pour le développement et la libération des pays africains, après 50 ans d'indépendance. Si les diasporas se fragilisent par des problèmes d'intégration et n'arrivent pas à se positionner au Canada, cela ne pourra que malheureusement aggraver la crise africaine postcoloniale qui est déjà largement catastrophique. Des diasporas fortes construisent une Afrique forte, développée et libérée de la misère, de la corruption et des guerres.

L'APPROPRIATION DES INNOVATIONS, DES SAVOIRS ET DES SAVOIR-FAIRE DANS LES COMMUNAUTÉS RURALES AFRICAINES

Une série d'études de cas en préparation au Cameroun

Par Félix-Marie AFFA'A[182]

Le texte qui suit présente une synthèse de différents types d'analyses ayant eu pour but de décrire les facteurs qui influencent positivement ou négativement les processus de l'utilisation des résultats de la recherche agricole camerounaise dans la production des biens et des services. Au préalable, nous avons procédé à une revue de différentes analyses de la recherche scientifique, du développement expérimental et de la mise en valeur de leurs résultats relatifs à l'Afrique.

Les analyses bibliométriques et scientométriques ont été les plus nombreuses (Davis, 1983[183]; Arvanitis *et al.*, 2000[184]; Narváez-Bertehlemot *et al.*, 2002[185]). Elles montrent que la production scientifique africaine a évolué en dents de scie au cours des décennies qui ont suivi l'implantation de la plupart des laboratoires de recherche gouvernementaux, des universités et autres institutions de recherche. Relativement active dans les années 1970-1980, la production scientifique a fortement ralenti avec la crise économique du début des années 1990. La coupure massive des budgets des services publics, la fuite des cerveaux en progression et la stagnation des recrutements de nouveaux scientifiques sont souvent évoquées à l'origine de cette crise. Bien que la production scientifique africaine demeure marginale par rapport à la production mondiale sur le plan de la quantité d'articles publiés, de nombreuses institutions du continent se font déjà remarquer quant à la qualité de leurs travaux. Leurs publications sont en effet de plus en plus présentes dans les revues de grande renommée à l'échelle internationale (Narváez-Bertehlemot *et al.*, 2002[186]).

---

182 Affa'a, F.-M. est Docteur d'État de biologie et physiologie animales de l'Université de Yaoundé et Docteur (Ph.D.) in science of administration, Université Laval, Québec. Il a publié en collaboration avec Des Lierres T., *L'Afrique Noire face à sa laborieuse appropriation de l'université: les cas du Sénégal et du Cameroun.* Les Presses de l'Université Laval, Québec : L'Harmattan, Paris : 2002.

183 Davis, C.H., 1983. Institutional sectors of "mainstream" science production in subsaharian Africa, 1970-1979: a quantitative analysis, *Scientometrics*, 5(3) : p. 163-175.

184 Arvanitis, R., Waast, R., Gaillard, J., 2000. Science in Africa: A bibliometric panorama using PASCAL database. *Scientometrics*, 47(3), p. 457-473.

185 Narváez-Bertehlemot, N., Russel, J.M., Arvanitis, R., Waast, R., Gaillard, J., 2002, Science in Africa: An overview of maintream scientific output, *Scientometrics*, 54(2) : p. 229-241.

186 *Ibidem.*

Nonobstant cette percée remarquable liée aux publications souvent réalisées en collaboration avec des auteurs des pays du Nord, certaines des études retracées examinent les liens établis entre le système de la recherche scientifique, du développement technologique et de l'innovation avec la société africaine et, en particulier, le système de production industrielle (Benneh, 2002[187]; Oyebisi *et al.*, 1996[188]; Ojewale *et al.*, 2001[189]; Ilori *et al.*, 2002[190]). Des liens s'établissent déjà, ici et là, entre la recherche universitaire et la production industrielle. Il apparaît nettement cependant que ces analyses de situations en politiques publiques de la recherche et du développement expérimental reposent, pour la plupart, sur des choix éclectiques d'exemples de réussites à travers le continent.

Une analyse d'entrevues des acteurs tant de la recherche que de la gestion publique a aussi été repérée (Mbock *et al.*, 2004[191]). Le travail rend en effet compte de l'analyse d'entrevues d'un échantillon de 200 acteurs comprenant des chercheurs (100), des décideurs (50) et des bailleurs de fonds ou des commanditaires de la recherche au Cameroun. Cet échantillon est réparti dans un éventail large et diversifié d'organismes localisés essentiellement à Yaoundé, la capitale politique du Cameroun. Il révèle des relations conflictuelles entre les chercheurs et les autres acteurs de la société. Les auteurs mettent l'accent sur le lien entre les modes de dissémination des résultats des recherches et l'utilisation de ceux-ci dans la prise de décision en politiques publiques. Ils déplorent en particulier l'inadéquation des modes de communication entre les décideurs et les chercheurs d'une part et l'absence d'un espace de dialogue et de consultation d'autre part.

Les analyses de brevets et de licences étudient les liens entre la science, la technologie et l'économie. Celle que nous avons consultée classe le Cameroun au 119e rang sur 162 pays étudiés (Archibugi et Coco 2004 : 641[192]). En général, dans les analyses de brevets et de licences, il est relevé qu'un petit nombre de pays rehaussent constamment leur niveau de connaissances alors que la majorité des pays tirent de l'arrière et peinent à

---

187 Benneh, G., 2002, Research in Africa. *Higher Education Policy* 15 : 249-262.

188 Oyebisi, T.O., Ilori, M.O. and Nassar, M.L., 1996, Industry-academic relations: an assessment of the linkages between a university and some enterprises in Nigeria. *Technovation*, 16(4) : 203-209.

189 Ojewale, B.A., Ilori, M.O., Oyebisi, T.O., Akinwumi, I.O., 2001. Industry–academic relation: utilization of idle capacities in polytechnics, universities and research organizations by entrepreneurs in Nigeria. Technovation 21 : 695–704.

190 Ilori, M.O., Adeniyi A.A., Oyewale, A.A., Sanni, S.A., Irefin, I.A., 2002. Developing a manufacturing-based economy in Nigeria through science and technology. Technovation 22 : 51–60.

191 Mbock, C.G., Ngo-Mpeck, M.-L., Kom, D. and Zambo Belinga, J.-M., 2004. Policy utilisation of research results in Cameroon, *Revue Internationale de Sciences Sociales*, (179): 37-45. UNESCO, Publiée par Blackwell Publishing Ltd.

192 Archibugi, D. and Coco A, 2004, A New Indicator of Technological Capabilities for Developed and Developing Countries (ArCo), World Development 32(4) : 629-654.

intégrer des connaissances même déjà en voie de dépassement. Le suivi des connaissances produites par la recherche et le développement technologique d'un pays lui permet d'identifier ses lacunes et d'intensifier sa capacité de s'approprier les stratégies et les technologies qui lui permettraient de combler son retard par rapport à ceux qui sont mieux lotis sur les plans scientifique et technologique. Certains pays dépendent ainsi entièrement de connaissances générées ailleurs. Ce dernier type d'analyses crédite le Cameroun d'une très faible capacité d'inventer et d'innover.

Aucun des quatre types d'études retracées n'examine toutefois l'utilisation effective des résultats de la recherche endogène dans la production des biens et des services. C'est de ce constat qu'est née l'idée d'examiner des articles d'un domaine de la recherche appliquée d'un pays africain, en l'occurrence le Cameroun. La démarche initiale tentait de répondre à la question que posent plusieurs analystes de la production scientifique de ce continent : se fait-il de la recherche utile en Afrique ? Cette question est d'autant plus pertinente que pour sortir l'Afrique de la marginalité par rapport au reste du monde, les chercheurs africains ne peuvent plus se contenter de produire et de transmettre des connaissances sans les transformer en technologies, en produits et en services.

La réponse à la question posée est : **oui, il se fait de la recherche appliquée en Afrique et au Cameroun en particulier, mais il s'y fait très peu de développement expérimental !** Une recherche dans CABdirect [193], PubMed[194], USPT[195], OAPI[196] montre en effet que des chercheurs affiliés à des unités de recherche du Cameroun ont publié : **3 757** documents de recherche avec résumés dans **CABdirect**; **1457** dans **PubMed. Six** brevets déposés à l'OAPI (banque Worldwide) avec pour demandeur **Cameroun or Cameroon.** Enfin, **101** brevets ont été déposés par des étrangers à l'USPT sur du matériel biologique provenant du Cameroun. Un de ceux-ci a été déposé par un Camerounais résidant aux États-Unis. Toutes les données précédentes ont été extraites des différentes banques de données le 9 septembre 2009.

Des résumés de recherches extraits de centaines des banques de données précédentes (CABdirect, PubMed), mais aussi de SciendeDirect et de Refdoc[197] (CNRS INIST, France) ont été utilisés pour constituer des corpus de documents que nous appelons, les « recherches dédiées aux paysans ». Il s'agit de documents de recherche de plusieurs champs disciplinaires qui ont en commun d'être dédiés aux agriculteurs, aux éleveurs et aux pêcheurs traditionnels, à leurs pratiques, à leurs conditions d'existence ou à leur

[193] CABdirect http://www.cabdirect.org/

[194] PubMed http://www.ncbi.nlm.nih.gov/pubmed
[195] USPT http://www.uspto.gov/patents/process/search/index.jsp
[196]http://v3.espacenet.com/publicationDetails/biblio?CC=GB&NR=1355272&KC=&FT=E
[197] http://www.refdoc.fr/

milieu de vie. Les « recherches dédiées aux paysans » traitent donc des paysans et de leurs systèmes de production, de la santé en milieu rural, de l'éducation en milieu rural, des conditions de vie en milieu rural, de la production de biens et de services en milieu rural, de l'exploitation ou de la transformation des produits naturels et agricoles, de la pêche et des pêcheries artisanales, de la sauvegarde des écosystèmes agropastoraux et aquicoles, etc. Un accent particulier est mis, ces derniers temps, sur la transformation des produits de l'agriculture, de l'élevage, de la pêche ainsi que des produits forestiers non ligneux. Trois assertions justifient cette orientation : les pays qui manquent le train de l'économie du savoir échouent à appliquer les résultats de la recherche à leurs politiques et à leurs pratiques, tant publiques que privées. Enfin, le développement d'un système national de recherches et d'innovations axé sur le progrès social et la réduction de la pauvreté ne peut pas être fondé sur un choix éclectique d'exemples et d'anecdotes de réussites et d'innovations dans le monde rural. Elle doit plutôt s'appuyer sur une masse critique de recherches et des actions de masse mettant en action leurs résultats. Les pays qui n'arrivent pas à mettre en valeur et à utiliser les résultats des travaux de leurs chercheurs sont parmi les plus marginalisés. Cela étant, nous retraçons depuis lors les produits, les technologies, les procédés et les services utilisables générés par la R&D camerounaise dédiée aux paysans.

Les résultats obtenus ont servi à élaborer un avant-projet en cours d'examen par les autorités camerounaises. Il propose de promouvoir l'appropriation et l'utilisation des connaissances, des technologies, des procédés, des services et des produits générés par la R&D agricole et agroalimentaire par l'intégration de différents axes de recherche en cours au Cameroun et dans les pays voisins. Il s'agit en bref de concevoir et de mettre en place des incubateurs pour enclencher ou accélérer le transfert à l'industrie des connaissances, des technologies et des produits développés par la recherche endogène camerounaise. Le concept des incubateurs est déjà bien connu et a été utilisé dans différents pays et secteurs de l'économie, y compris au Cameroun. Il favorise la transition de l'invention à l'innovation. Le concept a été adapté tant dans l'innovation technologique que dans l'innovation sociale. Les adaptations très diversifiées qu'en fait le Brésil, en particulier, dans la création d'emplois, le développement de coopératives et l'économie sociale dans les favelas peuvent servir de modèle au projet envisagé.

Dans un premier temps, deux lignes de développement de nouveaux produits intitulées : **Domestication** et **Oil extraction**, serviront de base de lancement au présent projet. La ligne Domestication porte sur les produits forestiers non ligneux (PFNL) et, en particulier, sur la domestication des plantes à usages multiples : alimentation, cosmétique, médecine traditionnelle, pharmacologie, etc. Certaines des plantes, incluses dans le programme de domestication, ont déjà fait l'objet de recherche en extraction des huiles

végétales, en extraction et tests biologiques des huiles essentielles, en technologie de séchage de produits, etc.
La mise en œuvre du projet sera assortie de la réalisation d'un film documentaire de 52 minutes. Il consistera à documenter les **réussites** dans l'**adoption**, la **mise en pratique** et l'**utilisation**, dans la production de biens et de services en milieu rural, des **connaissances** et des **technologies** générées par les différentes activités de recherche suivies. Le documentaire mettra, en particulier, l'accent sur les facteurs qui limitent ou facilitent la transmission, l'adoption, la mise en pratique et l'utilisation des connaissances et des technologies.
Tout en se situant sur un continuum, le documentaire isolera quelques paramètres, d'abord les techniques : il en retracera les origines en même temps qu'il localisera les affiliations en mettant en évidence les réseaux d'acteurs qui véhiculent les connaissances et les techniques utilisées. Ensuite, les acteurs : le documentaire mettra l'accent sur les structures organisationnelles des paysans qui privilégient le travail en équipe, les entrepreneurs ruraux et les élites locales qui investissent dans la production de biens et de services en milieu rural. En mettant en vedette une association de femmes villageoises, une partie du documentaire montrera le rôle clef que celles-ci jouent dans l'adoption de nouvelles techniques de production. Une section du documentaire se concentrera sur les rapports entre les populations pygmées et les nouvelles formes de production.
Avec ce documentaire, l'occasion est offerte aux acteurs et à ceux qui les appuient ou les accompagnent d'apprécier l'impact des recherches qui leur sont dédiées. Il est aussi destiné à servir au partage des bonnes pratiques dans la mise en valeur de la recherche. Le documentaire servira enfin de base de référence aux prochaines initiatives de gestion des connaissances et des technologies générées à l'intention des populations rurales. Il servira enfin à l'échange de bonnes pratiques, mais aussi à tirer des leçons des réussites et des difficultés des expériences antérieures.

DOSSIER SPÉCIAL

THÉOLOGIE DE LA LIBÉRATION EN AMÉRIQUE LATINE. CAS DU BRÉSIL.

Par la professeure Charmain LEVY[198]

La théologie de la libération, c'est tout d'abord un ensemble d'écrits produits depuis 1971 par des figures comme Gustavo Gutierrez (Pérou), Rubem Alves, Hugo Assmann, Carlos Mesters, Leonardo et Clodovis Boff (Brésil), Jon Sobrino, Ignacio Ellacuria (El Salvador), Segundo Galilea, Ronaldo Munoz (Chili), Pablo Richard (Chili, Costa Rica), José Miguel Bonino, Juan Carlos Scannone (Argentine), Enrique Dussel (Argentine, Mexique), Juan-Luis Segundo (Uruguay) - pour ne nommer que certains des plus connus.

Mais ce corpus de textes est l'expression d'un vaste mouvement social, qui est apparu au début des années 1960 - bien avant les nouveaux ouvrages de théologie. Ce mouvement comprenait des secteurs significatifs de l'Église : les prêtres, les ordres religieux, les évêques ; des mouvements religieux laïcs ; l'Action catholique, la Jeunesse universitaire chrétienne, les Jeunes ouvriers chrétiens ; des commissions pastorales à base populaire - pastorale ouvrière, la pastorale de la terre, la pastorale urbaine et les communautés ecclésiastiques de base.

Sans la pratique de ce mouvement social - qu'on pourrait appeler **christianisme de la libération** [199] - on ne peut pas comprendre des phénomènes sociaux et historiques aussi importants dans l'Amérique Latine des 30 dernières années que la montée de la révolution en Amérique centrale - Nicaragua, El Salvador - ou l'émergence d'un nouveau mouvement ouvrier et paysan au Brésil (le Parti des Travailleurs, le Mouvement des Paysans Sans Terre, etc).

On peut identifier plusieurs influences sur cette théologie: la pensée d'humanistes chrétiens tels que Lebret, Mounier, Maritain, de Lubac et Cardonnel ; Sweeny, André Gunder Frank, Celso Furtado, Fernando Henrique Cardoso et Enzo Faletto qui ont élaboré la théorie de la dépendance[200]; les directives de *Gaudium et Spes* et par les encycliques

---

[198] Charmain Levy, (Ph.D en anthropologie et sociologie du politique, Université Paris VIII), est professeur au Département des sciences sociales et présidente de l'Association Canadienne des Etudes en Développement International (ACÉDI).

[199] Lowy, M., *La guerre des Dieux. Religion et politique en Amérique latine*, Paris, éditions du Félin, 1998.

[200] McGovern, Arthur F. (1989) "Dependency Theory, Marxist Analysis and Liberation Theology" dans *The Future of Liberation Theology: Essays in Honor of Gustavo Gutierrez*, eds. Marc H. Ellis et Otto Maduro, Maryknoll, N.Y., Orbis Books, p. 272-286.

sociales *Mater et Magistra* et *Pacem in Terris* ; le mouvement d'éducation populaire (MEB).

D'autres facteurs structurels et historiques qui ont influencé la formation de la théologie de la libération sont 500 ans d'évangélisation, mais aussi de syncrétisme et catholicisme populaire ; le contexte d'une période de modernisation de la société et de l'Église qui génère des conflits sociaux et des inégalités sociales.

La théologie de la libération (TDL) tire sa source dans le principe que les êtres humains doivent être le sujet de leurs destins et histoire personnels. Elle accorde de l'importance à l'action individuelle et considère les êtres comme les créateurs de l'histoire. À travers sa participation à des mouvements sociaux, le chrétien cherche à comprendre des questions spécifiques (comme les syndicats), des questions plus générales (comme la défense des droits humains) et cherche à retrouver sa dignité humaine. L'inspiration fondamentale est la foi chrétienne qui se vit et se comprend comme une action transformatrice de l'histoire. Le facteur central qui caractérise la TDL est le rapport dialectique qu'elle établit entre théorie et praxis. La praxis est la source légitime de critique, d'inspiration, de réflexion et non pas seulement un lieu où appliquer une orthodoxie établie. Elle accorde de l'importance à l'action individuelle et considère les êtres comme les créateurs de l'histoire.[201]

À travers sa participation à des mouvements sociaux, le chrétien cherche à comprendre des questions spécifiques (comme les syndicats), des questions plus générales (comme la défense des droits humains) et cherche à retrouver sa dignité humaine. L'inspiration fondamentale est la foi chrétienne qui se vit et se comprend comme une action transformatrice de l'histoire. Cette théologie confirme une Église qui communique sa praxis et qui en engendre d'autres qui touchent la base de l'Église et de la société.

La TDL est orientée vers une conception dialectique entre pratiques individuelles et personnelles et structures sociales. Elle accorde plus d'importance à l'aspect personnel qu'à l'aspect individuel et crée ainsi une ouverture vers le social, le structurel et le sociétal.

Elle se concentre aussi sur le rapport dialectique qui dévoile les intérêts idéologiques présents dans l'ordre établi qui n'est ni naturel, ni une expression de la volonté de Dieu. Ils sont considérés comme le fruit de décisions politiques et des intérêts individuels et de groupes.

La nouveauté du travail pastoral qui découle de la TDL n'est pas seulement attribuable à son contenu profondément symbolique et à son message de libération. Ces deux aspects sont inhérents à la religiosité populaire d'Amérique latine.

---

[201] Libânio, J. B.,1987.

L'innovation réside dans la valeur accordée à la lutte humaine par les mouvements sociaux qui visent à accomplir l'utopie de la libération, ce qui suggère l'incarnation de l'utopie par une image messianique.

« Libération » signifie non l'incarnation parfaite de l'utopie, comme dans les mouvements messianiques, mais le point de départ est la libération de l'être humain, la découverte de sa dignité, la redéfinition de son statut de citoyen et la libération de toutes les diverses formes d'oppression économique, politique, juridique, raciale, sexuelle.

La TDL vise à combiner l'imaginaire de l'Église primitive (communauté) avec les théories contemporaines de la société capitaliste. Cette nouvelle théologie, avec son herméneutique, perçoit sa réflexion dans la ré-approximation et la récupération du christianisme perdu.

Elle démontre qu'avec les sciences sociales, on peut remettre en contexte et récupérer les significations déformées par l'idéologie. Elle révèle le caractère contre nature de la domination, mais ne comprend pas de données sociales analytiques et structurelles comme des impositions déterministes en profond rapport avec la conscience. La TDL ré-questionne l'Église à la lumière de **l'évangile** et adopte ainsi **un rôle critique et social.**

La TDL fonctionne sur trois différents niveaux de pratique sociale :

a) le niveau de la construction théorique, dans laquelle on retrouve la participation à des luttes contre diverses formes d'oppression ;

b) le niveau du changement culturel, qui inclut le travail pastoral, dans lequel on retrouve une conscientisation et un changement de valeurs stimulé par des discussions de groupes et de nouvelles interprétations de la Bible du point de vue quotidien. Celui-ci requiert la présence physique du théologien en terrain pratique où il vérifie ses intérêts objectifs.

c) au niveau de l'intervention politique, où l'on retrouve la participation de membres de groupes de réflexion dans des mouvements sociaux organisés.

Cette théologie est une réflexion critique de la praxis historique et se réfère constamment à la Bible et aux textes de la tradition chrétienne.

Les principaux thèmes sont :

- une lecture activiste de la Bible,
- la recherche de nouvelles façons de parler avec Dieu qui s'est révélé en Jésus-Christ,
- la christologie,
- les réflexions « ecclésiologiques » reliées à l'engagement à défendre les droits des pauvres.

La religion populaire est interprétée du point de vue des classes sociales. La culture populaire gagne de l'importance car elle reflète les aspects sociaux et économiques de la société de classes et devient un instrument et un moyen de libération.[202] Cette théologie se fonde sur la *praxis* pastorale. Elle prétend que la foi chrétienne exige un engagement envers la justice sociale et les droits humains afin de travailler à changer le monde. Le salut se comprend à la fois sur les plans individuel et collectif et, il est un processus qui commence avec la construction d'une nouvelle et meilleure réalité temporelle.

L'une des caractéristiques fondamentales de la TDL est son engagement pour la libération des pauvres. Elle a pour point de référence, non pas le « soi moderne » de la théologie européenne, mais « l'autre pauvre ». Le pauvre est non seulement un individu et l'objet de la charité, mais représente la masse qui peuple le continent. L'option pour les pauvres suppose une expérience spirituelle avec Dieu parmi les pauvres. Cette expérience exige un effort intellectuel qui transforme l'amour chrétien en réflexion humaine et en analyse scientifique du contexte social. Ces deux moments d'une expérience spirituelle et de pensée théologique et scientifique sont considérés complémentaires et constituent une unité vivante.

La dimension politique de l'option préférentielle pour les pauvres est un autre aspect important de la TDL. Elle comprend cette option comme un phénomène collectif et comme le résultat d'un processus conflictuel d'une société qui a besoin d'un projet social alternatif. Cette option comporte une dimension sociale et un caractère politique parce qu'elle vise à transformer la société à partir de la base. Cette option a un caractère structurel, collectif, transformant et libératoire et, est directement engagée dans la justice sociale.

Libano (1987) note qu'elle recherche des formes vécues d'amour macro-structurelles dans l'histoire et ne s'arrête pas à une position charitable, réformiste et à court terme. Elle est une option en lien direct avec la lutte des classes, même si elle ne s'identifie pas directement avec l'option d'une classe. Ceci signifie qu'elle n'ignore pas d'autres catégories comme le genre, la race, la culture, l'âge ou la religion. Ainsi, l'option pour les pauvres implique et inclut la lutte des classes même si elle ne peut se réduire à ce seul élément.

La TDL est profondément enracinée dans le contexte social d'Amérique latine. Elle établit un rapport entre la problématique engendrée par une situation réelle, analysée à la lumière d'instruments scientifiques et des Écritures, ce qui provoque une double modification. Le rapport avec les Écritures s'enrichit avec l'impact sur la situation sociale, qui est elle-même réinterprétée par la première. De cette nouvelle interprétation découle une nouvelle compréhension de la Parole de Dieu.

L'originalité de la TDL réside dans son action productive avec une double perception : une nouvelle compréhension de la Parole de Dieu et une nouvelle perception du contexte social.

---

[202] Ribeiro de Oliveira, P. A., *Religião e dominação de classe Petropolis*, Vozes., 1985, p.151-152.

La spécificité de la TDL réside dans l'articulation de trois éléments :
- le contexte social, analysé avec les outils des sciences sociales,
- l'Apocalypse et
- la praxis.

Le contexte social est analysé sous l'angle d'observations scientifiques et est interprété, relu et réapproprié à partir de l'Apocalypse. Cette interprétation est alors transformée en praxis. La praxis est constituée d'un échange entre les membres des CEB et les agents pastoraux et, entre les agents pastoraux et les théologiens qui élaborent une analyse sociologique et religieuse à partir de la praxis. Ceci constitue également une nouvelle donne dans les rapports entre la base et les intellectuels de l'Église : **les classes populaires participent indirectement à l'élaboration de la théologie.**

Il existe plus d'une ligne théologique de pensée de la libération. La première fut élaborée par le Péruvien, Gustavo Gutierrez et son point de référence n'est pas l'aspiration universelle à la libération, mais la praxis de libération avec un caractère révolutionnaire et anticapitaliste. Gutierrez a élaboré un projet politique qui aspire à une transformation radicale de la situation économique, politique, culturelle et religieuse. Le théologien doit réfléchir de façon critique à la praxis historique de libération de sa foi et alors formuler une vérité évangélique.[203]

La seconde est celle de Juan Luis Segundo, qui trace les limites de deux différents types de théologie de la libération (le peuple étant à la fois l'objet et le sujet de la libération) à partir de la présence du peuple dans le processus d'élaboration de la théologie.[204] Il préconise de donner aux pauvres un rôle dans l'acte de la production de théologie.

Pablo Richard distingue trois types de théologie de la libération qu'il compare à trois phases dans un processus d'évolution. Cette théologie est née comme une théologie spirituelle qui pratique la libération des pauvres et des opprimés, elle se développe comme une théologie organique dans les CEB et devient, en mûrissant, une théologie universelle et libératrice en dialogue avec les sciences théologiques professionnelles et académiques.[205]

Au Brésil, il existe plusieurs théologiens de la libération tels que Ruben Alves, Leonardo et Clodivis Boff, Frei Betto, Eduardo Hoornaert, J.B. Libano, José Comblin et Hugo Assman. L'aspect le plus important de la situation brésilienne en comparaison avec les autres pays d'Amérique latine est une articulation de la TDL avec une Église nationale ouverte au niveau institutionnel et engagée aux côtés des classes populaires dans la lutte pour transformer la société (Lowy, 1998).

---

[203] Gutiérrez, Gustavo. "Apuntes para una teología para la liberación," *Cristianismo y Sociedad* 24-25 (1970):6-22.

[204] Segundo, Juan Luis, *The Liberation of Theology*, Maryknoll, N.Y., Orbis, 1976.

[205] Richard, Pablo, "Como nace, crece y madura la Teologia de la liberacion?" dans *La fuerza espiritual de la Iglesia de los pobres*, DEI, Costa Rica, 1987.

La présence remarquable de l'Église dans les mouvements populaires à travers les CEB et les pastorales sociales, ainsi que l'ouverture de la hiérarchie aux luttes populaires est une caractéristique importante de la TDL au Brésil (Mainwaring, 1986).

Un exemple de ce type spécifique de TDL réside dans l'œuvre des frères Boff, qui ont énoncé explicitement que la pratique est à la base de la TDL et est réalisée lorsque l'on réunit le facteur socio-analytique et la compréhension qui découle de la croyance populaire, ainsi que l'herméneutique qui requiert une interprétation de la vie fondée sur les Écritures (Boff et Boff, 1987).

Il y a également une emphase sur la « christologie » qui suppose un engagement social et politique déterminé à faire disparaître la situation d'oppression. Cette christologie, qui proclame Jésus-Christ comme travailleur, pauvre et libérateur, entend participer à la libération économique, sociale et politique des groupes opprimés et dominés. Finalement, ce type de christologie suppose une pratique sociale déterminée et il en dépend : pratique sociale visant à rompre avec le contexte de domination sévissant dans les pays d'Amérique latine (Sobrino, 1986).

De plus, les théologiens comme Frei Betto ont concentré leur attention sur le thème de l'ecclésiologie. Selon eux, les CEB sont un mouvement fondamentalement laïc qui fait avancer la cause des Évangiles et qui est porteur de la réalité ecclésiale, jusque dans sa capacité d'organisation et de décision.[206] Les CEB sont perçues comme étant potentiellement capables de provoquer « une véritable rénovation des cadres institutionnels de l'Église, sous l'impulsion de la base communautaire, sans que l'Église ne perde son identité ou ne pervertisse son essence historique...Ce qui change chez elle, c'est le mode sociologique de sa présence au monde, ses formes d'expression liturgique et canonique, et la manière qu'elle est organisée ».[207]

Étant donné le nombre de CEB au Brésil et la portée institutionnelle de l'Église, la TDL est fortement reliée au développement d'idées et de pratiques qui émanent des CEB. Ainsi, il existe un fort mouvement dialectique entre la base de l'Église et le développement et la production théologique, ainsi qu'une importante réflexion sur le rôle et les possibilités des CEB dans la future mission et l'organisation de l'Église (Teixeira, 1988).

CHANGEMENTS RÉCENTS

On cédait désormais la place à des utopies critiques, plurielles et réalistes. Au lieu de penser un projet unique ou de renoncer définitivement à un quelconque projet collectif, elle se mit à penser la pluralité de projets

[206] Boff, Clodovis (1997), Boff, Leonardo, (1978).
[207] Frei Betto (1981).

collectifs, sur un mode ni centralisé ni téléguidé à partir du sommet. Ces transformations concernent aussi les médiations. La culture postmoderne, la crise de la raison occidentale, l'explosion de l'informatisation et de la mondialisation, le développement de mouvements sociaux à l'échelle mondiale qui traversent les classes sociales, les cultures, les ethnies, et qui ont des répercussions sur l'écologie, les droits de la femme, la paix et le désarmement - sans compter l'explosion du sacré : toutes ces nouvelles donnes ont obligé la théologie de la libération à des évolutions considérables (Ribeiro, 1997). Mais, à la base, reste l'intuition fondamentale : s'affronter à l'altérité. Auparavant, il s'agissait du pauvre ; aujourd'hui, ce sont le Noir, l'Indien, la nature, la femme, la religion (Libano, 2005).

THEOLOGIE NOIRE

L'élaboration de la théologie noire a pris du temps. Dans les pays afro-américains, la culture des Noirs se transmettait par voie orale et gestuelle, peu par écrit. Les Noirs eux-mêmes, embrouillés par la diversité des langues, des ethnies et des cultures, et par l'astuce dominatrice des propriétaires d'esclaves, ont manqué de temps pour tisser des liens entre eux. La théologie des Noirs a dû faire un parcours critique de l'évangélisation colonisatrice sous-jacente aux structures religieuses profondes de l'esclavage. Par leur baptême, de nombreux Noirs étaient marqués au fer rouge de leur maître et faisaient une terrible association entre baptême et esclavage (Libano, 2005).

A n'en pas douter, le climat est de plus en plus à la mélancolie : relativisme vis-à-vis des vérités, de l'éthique, des convictions et des engagements ; déconstruction des théories et des grands récits ; syncrétisme arbitraire, affaiblissement de la raison, de Dieu et du monde ; fragmentation. Et c'est bien dans cette ambiance culturelle que la théologie de la libération marque son originalité, agissant pour une réinvention d'un processus émancipateur, historique et critique à partir des victimes. Elle pense la pluralité et la construction d'une éthique à partir de la base. Elle articule les différences, les subjectivités et les utopies plurielles, tendant à faire prendre conscience qu'un nouveau monde est possible. Elle alimente une espérance douloureuse mais réelle, en la présence de Dieu au milieu du peuple et des plus petits. Elle montre la voie pour construire une subjectivité en relation à l'histoire, à la société et au cosmos. (Libano, 2005).

THEOLOGIE ECOLOGIQUE

Sous l'influence d'une écologie fondamentale et d'une « spiritualité cosmique », elle souligne l'urgence d'un nouveau paradigme. La théologie de la libération demande une articulation avec son exigence de libération des pauvres et des exclus, pour éviter que ne s'impose une mentalité écologique et religieuse étrangère au monde des marginalisés et des déshérités de l'histoire, prolongeant ainsi une situation d'oppression. Elle maintient un projet de libération qui inclut autant les êtres humains que la nature elle-même (Boff, L. 1995).

Le paradigme écologique rejoint la lecture de la réalité qui inclut le point de vue des femmes. Dans la théologie de la libération, la théologie féministe s'ancre dans la théologie mariale, qui avait conforté auparavant la conception conservatrice du rôle de la femme dans la société et dans l'Église. La théologie féministe a particulièrement pris en compte les conditions féminines les moins explorées jusqu'ici : celles des femmes pauvres, noires ou indigènes. La perspective libératrice associe les trois dimensions : socio-économique, ethnique et de genre. Dans une lecture ecclésiologique, on a mis en évidence le rôle fondamental de la femme dans les communautés de base et ce que le nouveau mode d'être en Église devait à la présence des femmes, demandant une révision radicale des ministères dans l'Église (Gebara, 2000).

Depuis la fin des années 1980, la TdL connait plusieurs difficultés, telles que la réaction des secteurs conservateurs de l'Église. En 1985, après avoir examiné certaines publications, le Vatican impose le « silence » au théologien Leonardo Boff. Cette action est la plus agressive du Vatican envers l'aile progressiste de l'Église brésilienne et pave la voie à davantage de critiques sur l'engagement politique de l'Église par l'aile conservatrice. Toutefois, ces critiques n'ébranlent pas l'engagement du secteur progressiste envers le changement social et ecclésiastique. Il est important de noter que même si plusieurs agents pastoraux vivent des problèmes, voire des conflits, avec les secteurs conservateur et modéré de la hiérarchie, ils ne remettent jamais en question leur appartenance à l'Église. La plupart d'entre eux s'identifient fortement à l'Église et en termes pratiques, et reconnaissent la légitimité de l'Église au sein de la société brésilienne. La plupart des agents pastoraux croient au changement et font pression en sa faveur au sein de l'institution et en général, acceptent les limites de leur nouvelle marginalisation.

Vers 1985, le Vatican commence à nommer des évêques conservateurs et modérés pour les diocèses les plus proéminents, lorsque les évêques prennent leur retraite ou sont transférés. Souvent, les évêques conservateurs choisis prennent contrôle des conseils diocésains, réduisent ou éliminent les programmes de pastorale sociale, interdisent les activités politiques et remplacent les prêtres progressistes par des conservateurs ou des modérés. En conséquence, les leaders et les membres plus politisés des CEB abandonnent leur communauté pour s'engager plus activement dans les mouvements populaires et les partis politiques. Dans plusieurs cas, cette situation vide les CEB en tant que centres d'activisme politique et social. Ceci ne signifie pas qu'elles disparaissent, mais qu'elles ont de nouveaux buts, objectifs et projets, et leurs activités se concentrent davantage sur les sacrements.

CONTRIBUTIONS

Grace à la contribution de la TDL, on assiste en Amérique latine à un foisonnement d'associations et de mouvements sociaux non institutionnalisés. Les années 1980 marquent une reprise de l'initiative populaire. Il ne s'agit pas d'une politique d'animation des masses par les structures de l'État, mais d'une réponse à la pauvreté et à la modernisation.

Il faut voir dans cette mobilisation des solidarités locales, capables de s'organiser efficacement en marge du pouvoir étatique, un renforcement de la société civile. Ces associations et organisations de toutes sortes visent à résoudre une situation de crise comme la production, l'abandon des cliniques médicales et de la politique de l'habitation par l'État, l'éducation populaire. Aujourd'hui l'influence de la TDL se sent dans les mouvements sociaux, des espaces comme le Forum Social Mondial et dans des gouvernements de gauche comme au Paraguay, en Équateur, au Nicaragua et au Brésil.

RECENSION DES OUVRAGES

MBOG BASSONG, *La méthode de la philosophie africaine. De l'expression de la pensée complexe en Afrique noire*, Paris : L'Harmattan, 2007, 127p. ISBN : 978-2-296-04677-1.

Dans ce petit recueil philosophique, l'auteur se propose de saisir la visée ontologique des représentations mythologiques de la cosmologie traditionnelle. Ensuite, il veut cerner la méthode philosophique en contexte africain et son esprit, ses mécanismes et sa portée épistémologique. L'ouvrage est divisé en deux parties. Dans la première partie intitulée *la théorie africaine du réel. Essai d'herméneutique phénoménologique*, l'auteur montre que l'ontologie africaine se rattache et se comprend à partir de l'ontologie de l'Egypte pharaonique dans la perspective de travaux de recherche en égyptologie effectués par Théophile Obenga, disciple de Cheikh Anta Diop. De ce fait, la *Maât* égyptienne, est la déesse de l'ordre, de l'équilibre du monde, de l'équité, de la paix, de la vérité et de la justice. Norme et conscience de l'ordre universel, elle passe pour l'auteur comme présupposé à la fois épistémologique et méthodologique qui organise la société, les institutions, et les rationalise en vue d'instaurer l'harmonie sociale. Et la deuxième partie porte sur *le statut et la portée épistémologique de la méthode africaine*. Elle aboutit à l'affirmation quelque peu 'idéologique', que « la philosophie africaine a une longue tradition du matérialisme méthodologique remontant à l'époque pharaonique. Cette philosophie a un objet, une méthode et une pratique tous éprouvés, de l'Antiquité à nos jours, dans les cultures relativement conservées ou initiatiques » (p. 69). Si l'on veut saisir le réel dans sa complexité, il convient de privilégier, selon l'auteur, une analyse holistique et systémique dans un registre d'ordre multidisciplinaire découlant du *Maât* pharaonique. En dehors de la distanciation à maintenir entre vérités et hypothèses scientifiques, nous ne pouvons que recommander ce livre à tous les amateurs de philosophie et particulièrement aux jeunes chercheurs qui souhaitent connaître l'évolution de la pensée philosophique négro-africaine et son rattachement à l'Egypte pharaonique.

Professeur Augustin Ramazani B.

BIYOGO G., *Histoire de la philosophie africaine. I. Le berceau égyptien de la philosophie*, Paris : L'Harmattan (Coll. Recherche & Pédagogie), 2006, 236p. ISBN : 2-296-01834-3.

Aucune philosophie ne saurait vivre sans revenir à sa propre histoire et à l'histoire générale de la philosophie. L'auteur vise à combler le vide qui existe dans la philosophie africaine et l'oubli qui s'inscrit dans la tradition philosophique récente. Il cherche d'abord à écrire la première histoire complète de la philosophie africaine. Il est question ici de sortir la philosophie africaine de son isolement, de retracer les séquences de sa naissance, de questionner ses objets, ses tâtonnements et d'élucider ses méthodes. La *philosophie est-elle née chez les Ethiopiens, les Egyptiens ou les Grecs* ? Dans ce premier volume, l'auteur se donne aussi comme programme de comprendre ce que philosopher veut dire en son commencement et pour espérer l'entendre dans l'histoire de ses multiples recommencements (p. 11). Ainsi, il veut revenir sur le problème millénaire de l'oubli de la résolution du berceau de la philosophie, entendu ici comme la première préoccupation de l'histoire de la philosophie. L'ouvrage est constitué de trois grandes parties : 1° *Eléments méthodologiques et théoriques*. L'auteur adopte une démarche déconstructiviste, néo pragmatiste et classificatoire, en présentant les grands courants de la philosophie égyptienne dans un ordre chronologique en insistant sur les pensées dissidentes, les différents liens qui les unissent ou les séparent. 2° *Le berceau égyptien de la philosophie*. En s'appuyant sur les sources philosophiques et historiques anciennes, sur les différentes écoles et courants de pensée, sur les contenus de la philosophie égyptienne ; l'auteur conduit à affirmer que les Egyptiens ont philosophé, ils ont écrit des textes philosophiques et ont donné à leurs discours philosophiques une signification essentielle. 3° *Contestation de l'intérêt de la question de l'origine de la philosophie par des philosophes africains*. Deux philosophes africains remettent en cause l'origine de la philosophie. Eboussi Boulaga soutient la thèse non pertinente de la question de l'origine. Il faut, dit-il, s'arracher à la mythologie des origines. Tandis que Jean Godefroy Bidima, à cause de sa philosophie de la traversée, dénie la pertinence du débat relatif à l'origine de la philosophie. Bien que la thèse du berceau égypto-nubienne ne soit par elle-même novatrice, l'originalité de ce volume consiste à mettre à l'épreuve des faits, de la documentation historique et égyptologique, permettant d'enrichir les discussions sur le problème des origines de la philosophie. Donc, pour l'auteur, la Grèce n'est pas le berceau universel de la philosophie, comme le prétendent certains historiens de la philosophie ; l'origine de la philosophie serait à situer plutôt en Egypte pharaonique et sa naissance historique en Nubie. Dans la perspective de Cheikh Anta Diop, Théophile Obenga, Marcien Towa, l'hypothèse probable pour l'auteur et quasi unanime, c'est que, la civilisation nubienne étant antérieure, elle aurait contribué à la formation de l'Egypte pharaonique. Cette dernière aurait aussi donné naissance à la philosophie grecque. Cela est incontestable (p. 105). La recherche des origines de la philosophie, me semble, capitale et fondamentale dans l'élaboration d'une philosophie africaine scientifique moderne et contemporaine, mais il convient de s'assurer qu'elle ne nous éloigne pas de l'actualité africaine.

Professeur Augustin Ramazani B.

Idem, *Histoire de la philosophie africaine. II. Introduction à la philosophie moderne et contemporaine*, Paris : L'Harmattan (Coll. Recherche & Pédagogie), 2006, 260p. ISBN : 2-296-01835-1.

Le livre II s'est donné pour tâche la constitution théorique et méthodologique d'une histoire de la philosophie africaine moderne et contemporaine. L'ouvrage est subdivisé en trois parties : 1° *Naissance de la philosophie africaine moderne : Objets et enjeux.* Cette première partie met en relief l'histoire de la philosophie africaine moderne et contemporaine et sa renaissance. Il s'est développé plusieurs courants de pensée : d'abord, le *courant de la Renaissance* de la philosophie africaine moderne avec la redécouverte de l'essence philosophique de la musique et de l'art (la Négro-Renaissance afro-américaine), du poème (le mouvement de la Négritude) et de la sculpture (l'art nègre). Ensuite, l'Afrique a connu un courant original et controversé : *le tempelsianisme* qui ambitionnait d'élaborer une ontologie bantu qualifiée d'ethnophilosophie (Tempels, Kagame). *Le courant critique de l'ethnophilosophie*, soutenu, en outre, par Eboussi Boulaga, Marcien Towa, Paulin Hountondji. Nous avons, enfin, le 4ème courant celui de *la critique de la critique* (Tempels, Kagame, Mbiti, Lufuluabo, Bahoken, Fouda...) se donna comme programme de poursuivre l'élaboration d'une ontologie bantu là où Tempels et Kagame l'ont laissé moyennant des réaménagements internes. Ce courant a connu une sorte de piétinements internes selon l'auteur. Après ces philosophes de première génération, l'auteur présente aussi les philosophes de la deuxième génération qui ont élaboré de nouveaux paradigmes philosophiques répondant au contexte postmoderne avec Ouattara, comme le paradigme de la 'traversée', le 'relativisme épistémologique de la pensée pragmatique du revenir'... Au-delà d'une présentation linéaire des courants, l'auteur se penche, dans une perspective herméneutique, sur la pensée particulière des auteurs : Hountondji, Kinyongo, Ngoma-Binda, Bidima, Monu M. Uwodi...2° *Clarification, champs et enjeux de la philosophie.* L'auteur distingue quatre grands moments dans la philosophie africaine : nous avons d'abord la *période antique* qui a donné naissance à la philosophie africaine éthiopienne et qui s'est affermie en Egypte pharaonique. Ensuite, la *période de transition* va du courant copte et islamique (13ème siècle) à la figure inaugurale d'Antoine-Guillaume Amo (18ème siècle). La troisième période celle de la *modernité* commence avec *la philosophie bantoue* de Tempels (1945) courant de l'ethnophilosophie jusqu'en 1993 coïncidant à la publication de la thèse de Bidima, *Théorie critique et modernité négro-africaine*. La quatrième période (1993-2006) intègre les bouleversements de la science moderne. 3° *Définitions et usages de la philosophie africaine.* La troisième partie donne des précisions sur les définitions et les enjeux de l'objet de la philosophie africaine. A partir de la définition de Hountondji, de Towa, de Bidima et de Njoh-Mouelle, l'auteur conclut qu'il n'y a pas une seule définition mais des définitions de la philosophie africaine appartenant à des contextes particuliers. Autant de philosophes, autant de définitions de la philosophie africaine prenant au sérieux l'actualité de la crise afin de réinventer une autre Afrique.

Professeur Augustin Ramazani B.

Idem, *Histoire de la philosophie africaine. III. Les courants de pensée et les livres de synthèse*, Paris : L'Harmattan (Coll. Recherche & Pédagogie), 2006, 209p. ISBN : 2-296-02603-6.

Le livre III étudie les grands courants de pensée ainsi que les principaux ouvrages de la philosophie africaine. L'ouvrage comporte deux axes : 1° *Les grands courants de pensée de la philosophie africaine.* L'auteur analyse minutieusement chaque courant de la philosophie africaine en interprétant de façon critique chaque moment de cette pensée. Tempels et Kagame et la fondation du courant ontologique : l'ethnophilosophie, Fabien Eboussi-Boulaga et la réfutation du tempelsianisme. Towa, Hountondji et la destruction de l'ethnophilosophie et la critique de la critique de l'ethnophilosophie. 2° *Les grandes synthèses de la philosophie africaine moderne et la naissance de la modernité.* L'auteur examine dans cette partie de son ouvrage les principaux ouvrages sur la philosophie africaine dont l'enjeu est la fondation de la modernité philosophique africaine. Il s'agit de l'ouvrage de P. Hountondji sur *la philosophie africaine*, de P. Diagne sur *la critique féroce de l'europhilosophie,* d'Amady Aly Dieng sur *la réélaboration de la critique marxiste dans la philosophie africaine*, de Ngoma-Binda sur *les jalons d'une histoire de la philosophie africaine et synthèse générale : La naissance de la modernité.* L'ouvrage se termine par un *post-scriptum, autour de Cheikh Anta Diop comme figure emblématique de la modernité philosophique en Afrique.*

Professeur Augustin Ramazani B.

Idem, *Histoire de la philosophie africaine. IV. Entre la postmodernité et le néo-pragmatisme*, Paris : L'Harmattan (Coll. Recherche & Pédagogie), 2006, 252p. ISBN : 2-296-02604-4.

Le dernier ouvrage sur l'histoire de la philosophie africaine de G. Biyogo achève le programme que l'auteur s'est fixé en examinant le travail le plus récent et sans doute le plus ambitieux de cette philosophie, qui s'est déployée de 1990 à nos jours à travers la naissance du relativisme postmoderne et du néo-pragmatisme. L'auteur reprend les travaux philosophiques des jeunes chercheurs nés autour des indépendances africaines, formés tous en France, qui ont marqué une rupture épistémologique avec les philosophes antérieurs. L'ouvrage est constitué de deux axes : 1° Les *grandes pensées de la postmodernité et du néo-pragmatisme* qui examine la philosophie de la traversée de Bidima, la philosophie de l'itinérance de Ouattara et enfin la philosophie du revenir ironiste de l'auteur lui-même. 2° *La relecture critique et prescriptive des grands courants de pensée africaine* : la critique de la critique de la Négritude, la relecture de la philosophie du droit (critique des Lumières face à la Traite des Noirs), la philosophie politique, la pensée marxiste, la théorie critique, la philosophie des sciences, le néo-pragmatsme diopien, la mise en question des traditions et la lecture heideggérienne de Tempels. Avec ce 4ème volume, l'auteur boucle son programme de l'élaboration d'une histoire de la philosophie africaine qui jusque là était inexistante dans les annales de la philosophie africaine. Sans pour autant cristalliser l'histoire de la philosophie africaine, nous ne pouvons que saluer et encourager son initiative savante qui aidera énormément la communauté des chercheurs.

Professeur Augustin Ramazani B.

MONO NDJANA H., *Histoire de la philosophie africaine*, Paris : L'Harmattan (Coll. Problématiques africaines), 2009, 251p. ISBN : 978-2-296-07906-9.

H. Mono Ndjana présente un parfait condensé de la philosophie africaine, d'hier et d'aujourd'hui, du Nord au Sud et de l'Est à l'Ouest du continent. Ce condensé de la philosophie africaine n'est rien d'autre qu'une présentation panoramique particulièrement biographique des philosophes africains depuis Philon d'Alexandrie jusqu'ą Ama Mazama. Ce regard rétrospectif sur la philosophie africaine d'hier apporte une réponse sur les préoccupations suivantes : *Quelle est en effet l'épaisseur réelle de notre passé philosophique ? Quelle en est la consistance, quelle en est l'étendue ?* Il part du constat général que l'Afrique n'a jusque là produit un Jean-Paul Sartre ou un Martin Heidegger, chez qui culmine une majestueuse spéculation de type ontologique, après les Parménide et Aristote. Ce regard panoramique est constitué de trois parties : 1° *La philosophie du passé*. Dans cette première partie, après avoir présenté les éléments de la métaphysique égyptienne, l'auteur présente quelques philosophes du passé depuis Philon d'Alexandrie jusqu'à Kotch Barma Fall, philosophe sénégalais sans oublier le célèbre philosophe ghanéen Antoine-Guillaume Amo, ayant étudié et enseigné dans les Universités allemandes au 18ème siècle. 2° *La philosophie africaine contemporaine*. Cette deuxième partie est constituée de trois tableaux panoramiques : les philosophes africains d'expression française, les philosophes africains d'expression anglaise et la philosophie maghrébine. 3° *Les grands courants*. Dans cette troisième partie, l'auteur présente de façon panoramique 5 courants en philosophie africaine : le panafricanisme, la négritude, l'ethnophilosophie, la renaissance africaine et par ailleurs, malgré une certaine réticence à maintenir par rapport aux différentes sensibilités qui constituent réellement la trame historique de la philosophie africaine, l'intérêt de cet ouvrage se veut double : D'une part, le rattachement de la philosophie africaine à la pensée de l'Egypte pharaonique conduit à montrer en fin de compte, que l'ontologie des modernes (l'être et le néant, *Sein und Zeit…*) n'aurait pas existé sans cette réflexion primordiale naguère développée à travers les papyrus égyptiens. D'autre part, l'ouvrage aidera les jeunes étudiants en philosophie africaine à entrer en contact avec les philosophes « pionniers » qui ont travaillé à la légitimité d'une philosophie africaine. Néanmoins, nous aurions souhaité que l'auteur garde une certaine distance critique par rapport aux philosophes présentés et précise davantage les critères épistémologiques ayant présidés à la présentation panoramique des philosophes africains.

Professeur Augustin Ramazani B.

LALEYE I.-P. L., ***20 questions sur la philosophie africaine. Préface du professeur D. Samb et illustrations du Dr. F.-X. Lalèyê,*** **Paris : L'Harmattan (2ème édition), 2010, 150p. ISBN: 978-2-296-11231-5.**

Le projet du professeur Lalèyê est noble, celui de la vulgarisation de la philosophie africaine. Il souhaite mettre les jeunes générations africaines, étudiants comme chercheurs, en contact avec la philosophie africaine que beaucoup semblent ignorer. Il ne se préoccupe pas de définir la philosophie mais d'aiguiser l'envie de philosopher. « Il n`y a pas de philosophie qu'on puisse apprendre, dit Kant, on ne peut apprendre qu'à philosopher » (p. 14). L'ouvrage se veut une trajectoire au cœur de la philosophie africaine sous forme d'un questionnaire. Il est constitué de 4 parties : la nature de la philosophie africaine (1er partie), l'origine de la philosophie africaine (2ème partie), l'utilité de la philosophie africaine (3ème partie), enfin, l'ouvrage se termine par un vieux débat sur l'histoire de la philosophie africaine (4ème partie) ouvrant ainsi à l'intersubjectivité, à la dialectique propre au discours philosophique honnête. Son ouvrage se présente comme un discours soutenu, bien argumenté et pédagogique, une excellente initiation à l'étude de la philosophie africaine qu'il faudrait recommander aux jeunes qui veulent réellement se familiariser et acquérir les premiers concepts de la pensée philosophique africaine. Il prend aussi position au débat suscité par Cheick Anta Diop en insistant, quant à lui, sur la complexité de la filiation entre la pensée africaine et celle de l'Égypte antique aux temps pharaoniques. Selon lui, « la nature fondamentalement culturelle de la philosophie oblige à nuancer les relations qu'il y a eu entre la Grèce antique et l'Égypte » (p. 33s), la continuité historique et culturelle, indissociable bien évidemment, entre l'Égypte antique et l'Afrique noire vaut la peine d'être considérée avec prudence et beaucoup de précautions.

Professeur Augustin Ramazani B.

OKOLO OKONDA B., *Hegel et l'Afrique. Thèses, critiques et dépassements, Préface de Bernard Stevens*, Argenteuil : Le Cercle Herméneutique Éditeur, 2010, 128p. ISBN : 978-2-917957-08-0

Hegel, « lorsqu'il prétend que l'enfance de l'Esprit se situe en Orient, que sa maturité est atteinte en Occident et que l'Afrique n'a pas encore franchi le seuil de la vie de l'Esprit, on a le sentiment qu'il nie pratiquement à l'Africain l'humanité même » (Préface de B. Stevens, p. 14). Entre l'anti-hégélianisme béant, le rejet absolu de l'hégélianisme et le refuge dans l'ethnophilosophie d'une part et le pro-hégélianisme dogmatique, la négation de soi et l'adoption inquestionnée du discours hégélien, d'autre part, est-il possible de promouvoir une 3ème voie permettant de se réapproprier Hegel et de recevoir sa pensée de manière critique en Afrique ? Hegel ne représente-il pas l'ombre de la domination de l'homme par l'homme, si tel est le cas, par quels moyens l'affranchissement raisonné peut-il s'opérer ? Le professeur Okolo Okonda expose dans son ouvrage les thèses de Hegel, les controverses suscitées par l'absolutisme philosophique de l'hégélianisme et une nouvelle rationalité critique en vue de recevoir et d'assumer la pensée de Hegel en contexte africain. L'ouvrage est constitué de 4 chapitres. Le premier chapitre revient sur ce qu'a dit réellement Hegel à propos de l'Afrique et quel débat philosophique s'en est-il suivi ? Le deuxième chapitre analyse de façon critique les sources africaines de Hegel. Le troisième chapitre porte sur la réception africaine de Hegel tout en mesurant les ressources et les limites. Le quatrième chapitre repense à nouveau frais l'identité spirituelle et le destin de l'Afrique. Le professeur Okolo Okonda, comme dans son ouvrage antérieur *Pour une philosophie de la culture et du développement,* Kinshasa, Presses Universitaires du Zaïre, 1986, dévoile clairement son programme celui de léguer aux générations d'aujourd'hui et de demain une philosophie africaine bien systématique. Il nous sort du pangermanisme, de l'eurocentrisme hégélien, de l'ethnocentrisme occidental en laissant percevoir que *l'interculturalité ne s'oppose pas à l'universalité*, au contraire elle est la racine et l'essence même de toute philosophie se voulant rationnelle et scientifique. Néanmoins, dans le contexte africain polarisé par le débat diopien sur l'antériorité des civilisations nègres, les origines et les sources nubo-égyptiennes de la philosophie occidentale peut-on encore parler de la réception du philosophe allemand en Afrique ? Bien que sa réponse à cette question ne soit pas convaincante, le professeur nous concède le privilège d'être généreux par rapport à son maître, de ce fait nous devons distinguer l'hégélianisme qui, semble-t-il, aurait absolutisé la pensée du philosophe par rapport à l'Afrique et Hegel lui-même. Il faut que l'hégélianisme meure pour que Hegel continue toujours à être inspirateur du destin des Africains comme celui des autres peuples.

Professeur Augustin Ramazani B.

OBENGA T., ***La philosophie africaine de la période pharaonique 2780-330 avant notre ère*****, Paris : L'Harmattan, 1990, 567p.** **ISBN : 2-7384-0502-9.**

Bien que l'ouvrage fût publié il y a belle lurette, il ne peut qu'être salué comme chef-d'œuvre de l'auteur d'une valeur scientifique exceptionnelle, une somme philosophique de référence qui vient éclairer le débat sur l'existence des écrits philosophiques africains les plus anciens du temps de l'Égypte pharaonique. Cette somme philosophique écrite par un savant historien, égyptologue et philosophe, est une source majeure qui, à la fois, régénère la philosophie africaine contemporaine et inspire les philosophes africains de toute époque. Au-delà de quatre périodes dans l'histoire de la philosophie africaine écrite - pharaonique (2780-2260 av. J.-C.), patristique (I-Vème siècle), musulmane et négro-musulmane (VII-XVIIème siècle), négro-africaine contemporaine (depuis le XVIIIème siècle jusqu'à nos jours), T. Obenga soutient que « l'Égypte fut le berceau de la spéculation philosophique telle que nous la connaissons » (p. 16). Depuis les travaux de déchiffrement des hiéroglyphes par le savant français Champollion (1790-1839), personne aujourd'hui ne peut remettre en cause l'existence de l'activité philosophique de l'Égypte pharaonique. La philosophie nègre de l'Égypte pharaonique repose sur le *Noun*, l'Un-substrat intemporel et lieu unique d'émergence de la diversité des éléments qui constituent l'Univers, la totalité du réel connaissable. Grâce au *Noun*, germe de l'être et de la pensée, les Africains de l'Égypte pharaonique ont senti et pensé la nature comme un ordre cosmique se renouvelant sans cesse et le monde comme un espace habitable. Le *Noun* ne peut devenir une force créatrice que grâce à la théorie de la *Maât*, principe primordial ordonnant toutes valeurs. La *Maât*, vertu suprême, guide et mesure de tout l'agir de l'homme, appartient à la fois à l'ordre cosmique et éthique en même temps (de la vérité et de la justice). Elle permettait au pharaon de protéger le pays du désordre, du chaos, de la famine, de la misère. Bref, la philosophie nègre de l'Égypte pharaonique repose sur deux principes qu'elle articule de façon harmonieuse la *Maât* l'ordre du « comme il faut », la notion élevée de perfection morale et le *Noun* l'ordre de « ce à partir de quoi » est advenu le monde tel qu'il est, l'essence de toute chose, et créé de lui-même le passage du non-être à l'être (p. 510). Dans l'univers négro-africain de l'Égypte pharaonique, tout s'explique à partir de ces deux principes le *Noun* et la *Maât* : la vie, les maladies, la mort, l'art... La vie heureuse et éternelle, bref le bonheur ne peut se concevoir en dehors de la philosophie morale de la *Maât*. Cette dernière est à la fois ordre, harmonie, bonheur par excellence. Ainsi donc, cette philosophie nègre de l'Égypte pharaonique constitue le premier moment historique sinon fondateur et inspirateur de la longue tradition philosophique de l'Afrique noire contemporaine.

Professeur Augustin Ramazani B.

BUJO B., *Introduction à la théologie africaine*, Fribourg Suisse : Academic Press Freiburg Schweiz - Imprimerie Saint-Paul, 2008, 160p. ISBN : 978-2-8271-1045-2

L'auteur nous présente une petite introduction savante de la théologie africaine dans laquelle il s'appuie sur le grand théologien allemand Karl Rahner pour affirmer et soutenir la pertinence des théologies contextuelles et particulièrement africaine par devers une théologie commerciale exportée, impérialiste devant s'imposer partout dans le monde et à toutes les églises (Cf. contre la 3ème déshellénisation dans le discours du pape Benoît XIV à Ratisbonne, 2006). Contre une théologie considérée comme universelle de type occidental, K. Rahner aide l'auteur à découvrir les acquis de Vatican II. « L'intention de l'Église Vatican II c'est de stopper une telle politique et de devenir une Église ouverte au monde, à toutes les cultures » (p. 14). L'ouvrage retrace les différentes étapes qui ont conduit à l'élaboration d'une théologie capable de susciter un christianisme africain qui contribuera à faire des Africains leurs propres missionnaires (Cf. Discours à Kampala en 1969). Il est constitué de deux parties. La première partie décrit la situation des sociétés africaines précoloniales, coloniales et postcoloniales tout en présentant les grandes lignes de la religion africaine et la compréhension qu'avaient les puissances coloniales et les missionnaires sur les traditions et cultures africaines. Dans la deuxième partie, l'ouvrage expose différents traités de théologie africaine telle que la christologie, l'ecclésiologie, la Trinité, l'eschatologie (la fin dernière) et l'éthique africaine. L'ouvrage est traversé d'un bout à l'autre par une requête celle de répondre à la question sur la vraie identité de Jésus : « *Et vous, qui dites-vous que je suis ?* » (Mt 16, 15). L'auteur est le seul à pouvoir donner une réponse rationnelle, bien argumentée, soutenue sur la polémique suscitée par le pape Benoît XVI à Ratisbonne. Nous soutenons son effort de pouvoir intégrer les acquis de la philosophie africaine en théologie africaine. Son ouvrage est traversée par une préoccupation celle de *l'interculturalité* comme dépassement du pangermanisme, de l'eurocentrisme, de l'ethnocentrisme occidental. La théologie comme la philosophie dans son déploiement historique n'est-elle pas interculturelle et non seulement gréco-germanique ?

Professeur Augustin Ramazani B.

L'HARMATTAN, ITALIA
Via Degli Artisti 15; 10124 Torino

L'HARMATTAN HONGRIE
Könyvesbolt ; Kossuth L. u. 14-16
1053 Budapest

L'HARMATTAN BURKINA FASO
Avenue Mohamar Kadhafi (Ouaga 2000) – à 200 m du pont échangeur
12 BP 226 OUAGADOUGOU
(00226) 50 37 54 36
harmattanburkina@yahoo.fr

ESPACE L'HARMATTAN KINSHASA
Faculté des Sciences sociales,
politiques et administratives
BP243, KIN XI
Université de Kinshasa

L'HARMATTAN CONGO
67, av. E. P. Lumumba
Bât. – Congo Pharmacie (Bib. Nat.)
BP2874 Brazzaville
harmattan.congo@yahoo.fr

L'HARMATTAN GUINÉE
Almamya Rue KA 028, en face du restaurant Le Cèdre
OKB agency BP 3470 Conakry
(00224) 60 20 85 08
harmattanguinee@yahoo.fr

L'HARMATTAN CÔTE D'IVOIRE
M. Etien N'dah Ahmon
Résidence Karl / cité des arts
Abidjan-Cocody 03 BP 1588 Abidjan 03
(00225) 05 77 87 31

L'HARMATTAN MAURITANIE
Espace El Kettab du livre francophone
N° 472 avenue du Palais des Congrès
BP 316 Nouakchott
(00222) 63 25 980

L'HARMATTAN CAMEROUN
BP 11486
Face à la SNI, immeuble Don Bosco
Yaoundé
(00237) 99 76 61 66
harmattancam@yahoo.fr

L'HARMATTAN SÉNÉGAL
« Villa Rose », rue de Diourbel X G, Point E
BP 45034 Dakar FANN
(00221) 33 825 98 58 / 77 242 25 08
senharmattan@gmail.com

Achevé d'imprimer par Corlet Numérique - 14110 Condé-sur-Noireau
N° d'Imprimeur : 84306 - Dépôt légal : janvier 2012 - *Imprimé en France*

www.ingramcontent.com/pod-product-compliance
Lightning Source LLC
LaVergne TN
LVHW051402061026
849535LV00009B/3326
* 9 7 8 2 2 9 6 9 6 1 1 2 8 *